L.-J. DALBIS

LE BOUCLIER CANADIEN-FRANÇAIS

suivi de

AU PAYS DE QUÉBEC

par Louis HÉMON

Dessins de Jean GAY, C. MAILLARD, Adrien HÉBERT

ÉDITIONS SPES, 17, RUE SOUFFLOT, PARIS, Vᵉ

LE BOUCLIER
CANADIEN-FRANÇAIS

L.-J. DALBIS

—

LE BOUCLIER CANADIEN - FRANÇAIS

suivi de

AU PAYS DE QUÉBEC

par Louis HÉMON

Dessins de Jean GAY, C. MAILLARD, Adrien HÉBERT

ÉDITIONS SPES, 17, RUE SOUFFLOT, PARIS, Vᵉ

1928

*A ceux qui
sur la terre d'Amérique
ont maintenu
le doux parler de France*

Les idées exprimées dans ce volume ont déjà été développées dans une série d'articles et de conférences. Les articles ont paru dans la *Revue de l'Alliance Française* de Paris, le journal *l'Eclair*, la *Revue Trimestrielle Canadienne, le Soleil, l'Evénement* et *le Terroir*. Les conférences commencées pendant l'automne 1922 ont été données sous le haut patronage de l'Alliance Française au Canada, aux Etats-Unis, en Pologne, en Tchéco-Slovaquie, en Belgique et en France.

AVANT-PROPOS

Quelle expression pourrait, mieux que celle de « Bouclier canadien-français », traduire la position des Français de la Nouvelle France, par rapport au sol qui les accueillit, au milieu où ils se défendent, au pays dont ils se souviennent.

Le Bouclier canadien est bien ce môle gigantesque, où depuis des millénaires, viennent buter les vagues compactes de la croûte terrestre, mais pour un Français de France, il est beaucoup davantage.

Si le Bouclier canadien évoque pour lui les vastes solitudes qui, des Grands Lacs aux glaces polaires, furent courues pour la première fois par les hommes de sa race, le Bouclier canadien français représente l'orle de ce plateau, dont les arêtes méridionales contiennent les eaux glacées du Saint-Laurent. C'est là que furent livrées les luttes sanglantes qui décidèrent du sort de la France en Amérique, et, c'est là aussi que pacifique, continue la résistance des hommes fidèles au passé. Grave serait l'erreur de considérer comme déracinés ces terriens, jetés là par un siècle d'expansion française. Mieux que les sédentaires, prisonniers d'un seul paysage, il semble bien que transplantés, ils aient reçu de ce milieu nouveau de nouvelles vertus. Du socle qui les porte, ils ont compris la leçon, de sorte que leur résistance, dans les parallèles des sillons, semble par sa durée même, prendre l'exceptionnelle valeur du miracle. Si le Bouclier canadien est quelque chose d'immuable, immuables dans leur langue et dans leurs sentiments semblent les Français attachés à ses bords.

Le Bouclier, c'est aussi l'arme avec laquelle sans attaquer, on se défend. Quelle que soit sa forme, point n'est indispensable que le bouclier soit d'or pur comme celui de Nestor, ni d'argent et d'airain, comme celui d'Achille, pas même de bois comme celui des Francs. Sa capacité défensive ne réside, ni dans de surnaturelles vertus, ni dans la solidité de sa matière, mais dans l'âme du combattant. Aujourd'hui qu'il est à peine un écu, sa force de résistance reste intacte, car sur le disque sont sculptées les armes et au-dessous, comme pour souligner, s'inscrit une devise. Ce sont là, signes de noblesse obligeant une maison. « Je me souviens » lit-on au bas de l'écusson de la province de Québec, et quelle que soit l'éloquence des fleurs de lys du chef, du lion passant de l'abîme, ou des feuilles d'érable à la pointe, ces trois mots l'emportent en clarté et en force.

Dans l'armorial canadien, ce blason est unique. Chacune des neuf provinces a voulu que le bouclier votif consacré aux dieux de la Confédération dise ses origines, exprime sa manière d'être ou traduise ses espoirs. Cependant, malgré la fréquence du lion, qui souvent gagne la tête, bisons et poissons, bottes de blé en bouquets et feuilles d'érable en éventail, trident de pics altiers et soleils rayonnants, restent moins éloquents que la table d'attente du Bouclier de Québec.

Par le cœur de l'habitant, ce bouclier est devenu pavois. Sur lui, l'Histoire s'inscrit tout entière. Sur un petit espace elle s'est résumée. Fleurs, feuilles et bêtes meublent les étages et s'y disposent en strates, comme dans les assises sédimentaires les

flores et les faunes anéanties. Ici, pourtant, le vou-
loir des hommes modifie une chronologie. Le lion,
dit passant, reste bien au cœur de la place, mais
l'érable de la pointe n'accepte pas l'honorable posi-
tion des lys du chef. Ainsi le bouclier de la Maison
de France domine encore l'histoire d'un pays, dont
longtemps il fut maître. Certes, ce n'est plus l'or-
gueilleux blason, trop lourd de trop de gloire, mais
tel qu'il est, réduit à deux fleurs, il commande
encore la conduite des hommes.

N'était-ce pas assez d'avoir porté si haut les lys,
et quelles raisons firent écrire, en toutes lettres, ce
que l'armorial disait déjà si clairement? Pourquoi
signer et parapher de la devise en banderole : Je
me souviens? *Si pour beaucoup l'héraldique n'a*
d'autre sens que celui d'une décoration, pour
d'autres, la présence simultanée de trois signes
d'apparences contraires laissait place à l'interpré-
tation.

Canadiens, avant tout, britanniques ensuite,
sont les hommes de ce pays. Y a-t-il là, pour eux,
valables raisons pour qu'un lys ne soit plus qu'un
souvenir, fragile relique d'un vieux passé, fleur
sèche de l'herbier ou banale pièce d'archives? Ils
ne l'ont pas cru. La nation accepte l'Histoire et
justement s'en glorifie, mais, malgré les clameurs
saluant le succès, la race, elle, n'entend rien oublier,
ni de la source lointaine d'où elle jaillit, ni du doux

pays, qui par delà l'océan fait écho à sa voix et choc à choc palpite avec son cœur. Voilà pourquoi et afin que nul n'en doute, furent écrits ces mots : je me souviens.

Je me souviens de ce qui fut, de ceux qui furent, des morts qui nous commandent, du devoir public à remplir et aussi des tâches humbles et monotones quotidiennement dictées par l'Angelus au matin recueilli. Je me souviens. Phrase claire, affirmant la permanence d'un état. Formule pieuse dont communient les âmes. Précepte concis, soudant, à la chaîne du temps, le minuscule anneau de chaque heure passante. Devise nette qui attache les hommes, comme les files d'explorateurs sur les glaciers crevassés. Formule impérative à laquelle nul ne se dérobe. Commandement militaire qui unit entre eux les soldats d'une même cause, les articule au coude à coude, comme les légionnaires romains à l'assaut, derrière la tortue de leurs boucliers.

Un bouclier, c'est encore l'armature de fer ou de bois qui en avant des galeries chemine sous le sol. Son avancement est un travail délicat où se fixent les équipes d'élite et un labeur pénible où s'emploient les meilleurs ouvriers. Que l'on fore un passage, ou qu'on poursuive gîte, veine ou filon, la bonne marche du bouclier décide du succès de l'entreprise. Pour aboutir sont nécessaires *science et flair, que secondent labeur et patience. Ainsi l'intelligente hardiesse d'une avant-garde prépare le terrain de la bataille, et en définitive assure la victoire. Ainsi, le courageux apostolat du missionnaire conquiert des néophytes et permet le triomphe de la cause.*

Le temps n'est plus où jeté le sort des armes, le conquérant était maître, et le vaincu esclave. Aujourd'hui, d'un homme libre de sa personne on gagne seulement l'âme ou l'esprit. Si pour sa direction et son salut, la première ne peut et ne doit accepter que le pôle unique du dogme unique, le second, lui, donne sa mesure au dégré de sa souplesse, à l'étendue de ses connaissances, à la variété de ses talents. Vieux et nombreux sont les pays où les élites guidées par une seule religion, participent à plusieurs cultures. Voici des siècles que les meilleurs hommes de France, d'Angleterre et d'Allemagne se nourrissent d'Hellénisme et de Latinité. Sont-ils pour cela moins bons Français, Anglais moins loyaux et Germains moins fidèles? Non pas. Au contraire. Leur supériorité même, est faite de leur dualité. Posés sur deux ou plusieurs assises, ils sont plus stables. Plus haut ils peuvent s'élever, plus sûrement ils dominent les autres. Pour quelles raisons ce qui est vrai des individus isolés, serait-il inexact quand il s'agit d'un groupe?

Est-il impossible pour le Canada de participer à

deux cultures? Qui dirait non, méconnaîtrait la valeur de cette élite canadienne successivement façonnée par Oxford et Paris. Plus que jamais et nulle part plus que là, les deux groupes, l'Anglo-saxon et le Français s'affrontent. Deux cultures s'évertuent à se pénétrer, non plus en ennemies, mais avec le sentiment très net de la nécessité de l'entente, et aussi la certitude que plus de compréhension mutuelle les grandira réciproquement. Pour cette œuvre de longue haleine, sont entreprises de rudimentaires besognes. Un peuple d'enfants épelle les mots d'une langue qui n'est pas sienne. Pour beaucoup, la connaissance des langues étrangères signifie augmentation des possibilités de débrouillage et accroissement des bénéfices. Bonnes, certes, mais insuffisantes sont les raisons du négoce, car nous savons bien que la conquête des marchés, si pacifique qu'elle paraisse, n'est pas de celles qui se réalisent sans haines et sans ruines.

Autrement nobles sont les arguments qui militent en faveur de la connaissance d'une langue, comme méthode de culture, moyen d'acquérir de nouvelles disciplines, procédé de conquêtes intellectuelles. Il faudrait que chacun pût grandir jusque-là. Oiseuse prétention ! Mais, est-il impossible que dans chaque peuple, l'élite accroisse ainsi ses possibilités d'atteindre l'intelligence. Dans cette région, comme aux très hautes altitudes, l'air est plus pur, et sur l'horizon dominé, où chaque chose prend sa place, le jugement plus équitable. Nulle part la tentative ne parut plus souhaitable qu'aux points névralgiques, là où les contacts de deux cultures sont douloureux pour chacune. La fréquence et l'acuité des crises font désirer la santé. Ce que les aînés n'ont pas réalisé, est attendu des plus jeunes, et c'est touchant spectacle que celui d'une génération d'étudiants tentant cette ascension. Premiers pas à travers la grammaire, obstacles de la syntaxe, trébuchement des traductions, efforts des commentaires, ils savent que ce sont là seulement des moyens : moyens de comprendre une langue, de pénétrer le savoir, de découvrir un génie, d'éclairer une psychologie. Désormais des yeux nouveaux vont regarder le voisin. Pour eux ce ne sera plus l'adversaire, mais peut-être un ami. En tout cas, ils n'ignoreront plus l'apport de l'autre au patrimoine humain et ce sera justice que cessent haine ou mépris, argument probant pour l'admiration et l'amour.

Pour cette pénétration de la culture française dans le magma des peuples d'Amérique, le Canada français a une mission bien nette. D'abord révéler ce qu'il est, réaliser ses possibilités ensuite. Ce sera là, la meilleure défense d'une culture qui moralement et intellectuellement l'a fait ce qu'il est, et sans laquelle il cesserait d'être tout à fait lui. Situé à l'avant-garde d'une tête de pont, de l'autre côté de l'Atlantique, il lui appartient d'être le bouclier d'avancement de la culture française. Son passé l'en rend digne, sa richesse présente lui en fait un devoir. De tous il aura la reconnaissance, aussi bien de ses frères lointains qui l'encouragent, que de ses voisins proches, heureux d'avoir désormais près d'eux les éléments d'une culture qu'ils eussent dû aller chercher bien loin.

Le Bouclier canadien, c'est tout cela et bien d'autres choses encore. C'est Cartier et Montcalm, les Récollets et les Jésuites, les Sulpiciens et les Trappistes, Monseigneur de Laval et l'humble curé de paroisse. C'est le missionnaire, le découvreur et le coureur des bois. C'est Papineau, défenseur de la liberté et H. La Fontaine, défenseur de la langue. Ce sont les héros des plaines d'Abraham réconciliés dans la mort, et aussi les soldats de Vimy, tombés pour la liberté. C'est une race à la conquête d'un continent. C'est le financier qui draine l'épargne vers les utilités françaises et aussi le colon qui « fait de la terre ». C'est tout un peuple au travail, depuis l'ingénieur qui biffe l'espace de deux longs traits d'acier, jusqu'à « l'habitant » qui strie le sol de sa charrue. C'est trois siècles d'histoire et la minute qui passe. C'est l'écrivain qui enrichit la langue et là, plus que partout ailleurs, la femme qui enfante pour la patrie. C'est le plus grand nom parmi les plus illustres, et c'est aussi le nom de

Maria Chapdelaine, le plus humble parmi les humbles.

Quel sens donner à *Maria Chapdelaine,* sœur de *Colette Baudoche,* placée comme elle à un des avant-postes de la race ?

Bientôt fut révélé à Louis Hémon le miracle canadien. Entreprendrait-il d'en écrire l'histoire? Des catalogues de faits, des chronologies et d'authentiques documents en vrac, existaient déjà. Allait-il y ajouter? Mais à quoi bon faire montre d'érudition, quand suffit un peu de sentiment? Pourquoi consulter de poussiéreux grimoires, quand la vie palpitante s'agite autour de nous? Est-ce la peine de décrire à nouveau le cours d'un grand fleuve, largement étalé sur le moindre atlas, quand le destin de quelques gouttes d'eau vous tente davantage? Décrit-on toutes les fleurs rencontrées et l'une d'elles ne permet-elle pas l'étude de l'espèce? Charrie-t-on tout le champ au laboratoire, et l'analyse d'une motte de terre ne suffit-elle pas? Devait-il écrire un de ces romans à thèse où l'intrigue moralisatrice, ralentie par les discussions, encourage la vertu, punit le vice, distribue le blâme, décerne l'éloge, et n'aboutit enfin qu'à l'éveil des susceptibilités?

Non. Ce que Louis Hémon désire le plus pour lui-même, comme pour les sujets qu'il traite, c'est la simplicité, la vraie, celle qui voudrait passer *inaperçue. Géniale habileté. Quand il s'agit de sa personne, il sait s'évader. Sa vie, toujours humble, est une succession de disparitions qui le dérobent aux curiosités indiscrètes. S'il fuit Paris, c'est pour se perdre dans le brouillard de Londres et plus tard dans les grands espaces silencieux du Canada. S'il n'est pas le plus insaisissable des êtres, il est au moins le plus fuyant des écrivains. Quand il s'agit de littérature, c'est le même souci. Pourquoi aborder de front des sujets délicats, pourquoi discuter, puisque discuter, qu'il s'agisse de politique, de religion ou de philosophie, c'est déjà heurter quelqu'un, le blesser peut-être. Il n'a rien du polémiste, et ce qu'il veut, c'est être, aussi naturellement et aussi sincèrement que faire se peut, celui qui écrit bien simplement des choses de banale apparence. Simplicité et naturel, tels sont les caractères qui le marquent le mieux.*

Le problème canadien français n'est-il pas un des plus complexes? Il le devinait déjà sur le bateau qui l'enmenait, mais dès le premier contact avec Québec, il en a la certitude. Aux premières heures de son séjour là-bas, il traite le sujet avec assez de gravité et d'enthousiasme pour en disserter longuement et en chanter le dithyrambe. Son journal, qui en fait foi, est l'étincelle du premier choc, le cri d'étonnement, un élan du cœur, le jaillissement d'une source montant vers le soleil. Plus tard, connaissant mieux le problème, il le reprend, mais, cette fois, il l'enveloppe dans un récit et il écrit la simple histoire d'une jeune fille à la croisée des chemins : c'est Maria Chapdelaine. Il trouvait ce qu'il avait cherché, un thème neuf. Il sut habilement éviter la thèse brutale, et trouva dans un symbolisme aimable le moyen d'en atténuer les rigueurs.

De quelque grisaille qu'il l'ait vêtue, de quelque simplicité qu'il l'ait parée, si naturelle qu'elle soit, si sincère qu'elle semble, Maria Chapdelaine est par cela même et en même temps que cela, le plus clair symbole de la résistance française du Bouclier canadien. Que nul ne s'y trompe. Il ne s'agit pas ici de haines, mais de souvenirs. Il ne saurait être question de conquête, mais de durée. Tout l'héroïsme d'un peuple fut résumé dans la fidélité d'une âme.

LE BOUCLIER
CANADIEN-FRANÇAIS

QUI VIVE ? NOUVELLE-FRANCE

Depuis 1524, époque lointaine où l'envoyé de François Ier jalonna de croix et de lis les côtes de la Nouvelle-France, jusqu'en 1763, date fatale où le traité de Paris donne comme maître à la Nouvelle-France celui de la Nouvelle-Angleterre, la France avec des fortunes diverses, tente de s'établir dans l'Amérique du Nord.

Pendant plus de deux siècles, ses missionnaires, ses pionniers, ses colons et ses soldats pénètrent au cœur du pays. On les trouve aux points stratégiques, à l'origine des grands établissements, et les villes américaines, qui s'enorgueillissent aujourd'hui d'une population de plusieurs millions de citoyens, eurent souvent pour point de départ un poste français.

En 1755, la puissance de la France est à son apogée. Des glaces mouvantes de l'Hudson aux forêts luxuriantes de la Louisiane, des rives écumantes de l'Atlantique aux crêtes neigeuses des Montagnes Rocheuses, la terre est française : seule la bande comprise entre les Alleghanys et l'Océan contient les Anglais, impatients d'avancer vers l'Ouest. Huit ans plus tard, le rêve d'épopée finit en tragédie. Sur les immenses territoires de ce qui fut la Nouvelle-France, le drapeau fleurde-lysé d'or a disparu. L'Anglais a franchi la montagne et atteint le Mississipi, de sorte que l'immense plaine de la Louisiane, malgré ses millions de kilomètres et son incomparable fleuve, apparaît quelques années plus tard comme un clos détaché, destiné à périr, qu'on peut vendre sans dommage.

Le temps, semeur d'oubli, a passé. Que reste-t-il du poste français qui, perdu dans les solitudes du Nouveau-Monde, jalonnait la route de la civilisation ? Calcinées ou pourries sont les palissades, nivelés sont les talus et comblés les fossés, dispersées aux quatre vents sont les cendres des morts. Rarement, le souvenir aux mains pieuses a conservé des vestiges ou dressé un monument.

De l'œuvre civilisatrice de la France, que resterait-il aujourd'hui, si, au nord, dans une région que les géologues nomment à cause de sa stabilité et de son ancienneté le bouclier canadien, tout un peuple, solide et résistant comme le sol qui le porte, n'avait obstinément tenu tête aux assauts de la mer anglo-saxonne ?

Issu des colons français lentement sélectionnés au cours du XVIIe siècle, gardien des traditions de France, défenseur de sa langue et apôtre de sa culture, ce peuple a écrit sur son blason la formule : "Je me souviens". Comme un bouclier son blason le protège et mieux qu'une arme sa devise le défend.

On a pu l'oublier ; lui n'a rien oublié, ni ses origines, ni ses droits, ni sa langue, ni sa religion. Pieusement, et aujourd'hui mieux que jamais, il monte la garde autour des reliques, témoins de l'épopée passée et gages certains de sa gloire future.

Cependant, ceux-là, qui offrent au monde le spectacle d'une splendide résurrection, semblaient les plus exposés à périr. Si, contrairement à ce qui s'est passé en Louisiane, la vie française qu'ils portaient en eux n'a pas été étouffée, c'est parce qu'ils ont compris que la meilleure façon de se défendre était de défendre la langue, la langue qui mieux que tout protège la race, la langue qui porte la pensée jusqu'à l'intelligence, d'où elle bondit vers l'idéal.

SOUS LE SIGNE DU LIS

Ceux qui, malgré l'hostilité des choses et des hommes, jetèrent par delà l'Atlantique les bases d'un vaste empire, furent des marchands, des colons ou des apôtres.

Marchands, ils allaient là pour chercher des fourrures déjà très estimées par la société d'Europe. Nulle part, la forêt n'offrait une telle variété et une telle profusion de bêtes aux riches pelages. Pour eux nul pays n'avait autant d'attrait, parce que nul pays n'était capable de rendre autant d'écus. Que leur importaient et le sol et les hommes et les âmes dont ils avaient pris la charge en paiement de leur privilège ! L'essentiel était de faire de l'argent. Que par leur incurie et leur incapacité il y eût de la misère, que des trésors d'héroïsme fussent dépensés par ceux qu'ils exploitaient, que leur rapacité empêchât une œuvre de durer, peu leur importait. Le pays n'était pour eux qu'une affaire, une affaire dont il fallait tirer un maximum en dépensant un minimum.

Colons, ils entrevoyaient la possibilité d'une œuvre plus durable que celle des marchands. Un poste de traite, c'était bien; mais un lambeau de forêt défriché et emblavé, c'était mieux. C'était pour eux le seul procédé de civiliser les sauvages, de fixer au sol l'errante population des coureurs des bois ; c'était rendre nécessaire la famille ; c'était la possibilité de recevoir de nouveaux émigrants ; c'était l'unique moyen de créer une race. Avec eux le pays cessait d'être une colonie d'exploitation et devenait colonie de peuplement.

Apôtres, ils rêvaient de gagner les âmes des sauvages à la religion chrétienne. Hommes de sacrifice, souvent sacrifiés, ils mettaient leur zèle au service de Dieu d'abord et du Roy ensuite. Ceux-là furent les auxiliaires précieux des colons, et leur influence fut capitale dans le développement de la colonie. Sans eux, les aventuriers fussent devenus plus nombreux et plus audacieux; les marchands eussent exploité et pillé sans vergogne; les colons n'eussent trouvé ni le courage ni le réconfort pour supporter les épreuves; la prise de possession de la terre eût été impossible et la survivance irréalisable.

Pendant que sur les bords défrichés du fleuve se dessinait et se fixait la trame de la petite nation, pendant que lentement, en ces rudes travailleurs, ayant comme tous ceux de leur race, le goût de l'ordre dans la stabilité, s'élaborait le sentiment d'une seconde patrie, des hommes plus aventureux ne craignaient pas de se lancer sur les fleuves impétueux ou à travers la forêt sans limites.

Quels que fussent leurs motifs ou leur mobile, qu'ils fussent conduits par le goût inné de l'aventure ou poussés par l'appât du gain, qu'ils fussent guidés par le désir du savoir ou attirés par la grande énigme du monde qui les entourait, ceux-là continuèrent à étendre l'influence du Roy et à reculer les limites de la patrie naissante. On les appelait les coureurs des bois.

Coureurs des bois ! A ces mots, quelles figures d'épopée émergent en pleine lumière des brumes d'un lointain passé ! Coureurs des bois, coureurs d'aventures, toujours courant après la fortune, ces hommes pétris d'audace, que seules la vie paisible et la sécurité réussissent à effrayer, vivent aux confins de la civilisation. On les trouve toujours aux lisières imprécises de la forêt, en rapport constant avec les sauvages qu'ils exploitent sans scrupules, mais dont ils ont la confiance. De quelles mauvaises marchandises d'échange, où l'eau-de-vie tenait souvent la grande place, ne paient-ils pas les peaux de martre, d'hermine ou de vison! Ils apparaissent comme les intermédiaires entre le marchand toujours abrité derrière des palissades garnies de soldats, et les sauvages pour lesquels bois, rivières et lacs sont sans secret. Quelque répugnance que l'on ait pour ces individus, nulle expédition ne peut être entreprise sans eux, nulle affaire ne peut être traitée sans leur intervention, nulle convention ne peut être signée sans leur indispensable présence.

Parmi ces coureurs, quelques-uns servent les Gouverneurs, qui, en reconnaissance de leurs services, leur donnent le droit de traite et leur octroient des brevets de commandement. Ils administrent des territoires et peuvent lever des troupes. Ceux-là sont toujours aux avant-postes de l'influence française et jalonnent la route de pénétration vers l'ouest mystérieux. C'est Nicolas Perrot qui, dès 1665, installe un marché prospère de pelleterie au fond de la baie des Puants, et pendant vingt ans, parcourt dans tous les sens le Wisconsin qu'il soumet à l'influence française. Et c'est encore Du Luth qui, installé sur les sources du Mississipi, draine vers les grands lacs de l'Outaouais le commerce indigène de la baie d'Hudson où l'Anglais s'est installé.

Au-dessus de la foule innombrable des coureurs des bois, auxquels ils ressemblent par tant de côtés, se dresse la phalange des grands découvreurs.

De mêmes tempéraments et de mêmes goûts que les coureurs des bois, ils s'en différencient par l'ampleur de leurs entreprises et par l'esprit qui les anime. S'il est parfois difficile de les répartir dans deux groupes distincts et d'indiquer par un caractère la ligne qui les démarque; s'il est vrai, surtout au XVIIe siècle, que coureurs des bois et découvreurs se confondent, il en est parmi eux dont l'œuvre et la personnalité sont trop grandes pour qu'on hésite un instant à les mêler aux autres.

Ceux-là furent souvent les auxiliaires précieux de la politique des Gouverneurs. S'agissait-il de faire échec aux Anglais et de contrecarrer leurs entreprises; espérait-on l'alliance des sauvages; voulait-on installer quelque part un poste de traite; s'organisait-on pour drainer vers les possessions françaises du Nord les pelleteries qui sans cette concurrence fussent normalement descendues à New-York; décidait-on de jalonner une route entre deux possessions; fallait-il reconnaître un nouveau passage pour accéder plus facilement d'une vallée à une autre ou prétendait-on seulement passer les premiers pour acquérir un droit, le Gouverneur mandatait ces hommes dont les exploits passés étaient garants des mérites à venir. Qu'ils fussent soldats du Christ ou soldats du Roy, qu'ils eussent comme emblème la croix ou le lis, ils partaient sans regret de tout ce qu'ils laissaient, fiers d'être les élus, peut-être désignés pour un prochain martyre, et quelles que fussent les épreuves ou les récompenses, se donnaient corps et âme à la tâche acceptée.

Si étrange que cela nous paraisse, les Gouverneurs, dont les caisses étaient plus souvent vides que pleines, ne donnaient pas autre chose que des ordres et des conseils. Parfois cependant, était octroyé en paiement, plutôt qu'en récompense, le privilège de la vente des fourrures sur une région encore inexplorée, aux limites imprécises. Ainsi les chefs devaient, avec leurs seules ressources, organiser l'expédition et en faire les frais, s'équiper. s'approvisionner, acheter des cadeaux pour les chefs sauvages, ériger des forts, lever des troupes pour tenir garnison, nourrir tout le monde. Cela coûtait beaucoup d'écus, et on comprend que les plus habiles, et peut-être aussi les plus hardis d'entre eux, se soient associés dans leurs entreprises avec des hommes d'affaires qui jouaient un peu le rôle de nos intendants d'armées, lesquels se chargeaient de pourvoir à tous les besoins matériels de l'expédition, moyennant quoi le chef rétrocédait le privilège de traite.

Pendant cent cinquante ans, nous les voyons s'enfoncer toujours plus profondément à l'intérieur du pays et ouvrir sans cesse à travers le continent des voies nouvelles. Les chemins de fer, qui courent aujourd'hui d'un océan à l'autre, n'ont pas emprunté d'autres voies que celles qu'ils suivirent. Après avoir exploré les côtes, les rives du Saint-Laurent, puis les grands lacs, ils rayonnèrent jusqu'au Labrador et à la baie d'Hudson. C'est Jolliet qui, après plusieurs voyages aux postes avancés de l'Ouest, où il a recueilli des renseignements sur le majestueux Meschacébé que les Indiens ont surnommé le Père des eaux, organise une expédition qui, par ce fleuve, doit le conduire vers le mystère si attirant de la mer de l'Ouest. Parti du fond de la Baie Verte du lac Michigan, l'expédition, à laquelle se joint le père Marquette, descend le Wisconsin et atteint le Mississipi; puis, après avoir reconnu l'embouchure de l'Ohio, descend l'immense fleuve jusqu'à son confluent, la rivière Arkansas.

Au milieu d'une végétation tropicale, dans un climat particulièrement doux, qui contrastait si heureusement avec celui des régions d'où ils descendaient, en présence d'indigènes armés de fusils, Jolliet et Marquette se crurent arrivés aux posses-

sions de l'Espagne. Peu soucieux de courir le risqı
d'une lutte avec les Espagnols et convaincus d'a
leurs que le fleuve devait se jeter non loin de
dans le golfe du Mexique, les chefs de l'expéditiı
se décidèrent à rebrousser chemin. Si belle et
importante qu'elle fût, l'œuvre restait inachevée.

S'il était possible de se livrer à la propagatiı
de la foi dans les terres nouvellement découvertı
il fallait, pour barrer aux Anglais la route
l'Ouest, en prendre posession au nom du Roy
France. Ce fut l'œuvre de Cavelier de la Salle.

Après plusieurs années d'exploration da
l'Ouest, et après avoir parcouru les lacs Ontaı
et Erié, exploré l'Ohio et l'Illinois, aux prises av
les difficultés les plus grandes, et, malgré les hau
protections qui le couvrent, en proie aux attaqı
de créanciers pressés et rapaces, La Salle organ
une expédition qui en quelques mois l'amène
l'embouchure du fleuve. Ce ne fut pas seulemı
une promenade lente et facile au fil de l'eau vı
les douces régions du Golfe du Mexique. En coı
de route il construit des forts, établit des relɛ
se concilie les peuples sauvages ou fait alliance aʼ
eux, en un mot, prend possession du pays. Pı
remontant le fleuve auquel il a donné le nom
fleuve Colbert, il s'arrête à hauteur du 29° parallı
pour y faire élever une colonne sur laquelle
appose les armes du Roi de France avec ces moı

*Louis le Grand, roi de France et de Navarre règne ;
9 avril 1862.* Enfin, pour marquer que cette prise
de possession du pays ne portait pas seulement sur
les richesses matérielles, il fit dresser une croix.
Ainsi, grâce à l'énergique endurance de ces hommes,
tout le vaste bassin du fleuve Colbert, auquel on
donna le nom de Louisiane, devenait terre française.

Le mystère de la mer de l'Ouest n'était cependant
pas encore élucidé. Vainement tentait-on de s'aven-
turer dans les régions inhospitalières de l'Océan
glacial pour contourner le continent. Il était bien
difficile, avec les moyens dont on disposait à
l'époque, d'aller plus au Nord et plus à l'Ouest que
la baie d'Hudson, qui fut une illusion, une nasse,
en quelque sorte un piège. Maintenant que de tous
côtés les expéditions se multipliaient, on acquérait
peu à peu la certitude que le continent asiatique ne
rejoignait pas l'Amérique, et que le vaste pays de
la Bourbonie, imaginé comme pont entre les deux
océans, n'était pas autre chose que la mer
d'Occident.

Il devait être donné encore à un Français, qui
avait brillamment servi sur les champs de bataille
d'Europe, de jeter quelques lueurs dans ces ténèbres
et faciliter à d'autres de les dissiper définitivement.

Ce fut Pierre Gaultier de Varennes, dit sieur de
la Verendrye, qui fut officiellement chargé de

chercher le passage vers la mer de l'Ouest, en
échange de quoi lui fut octroyé le monopole de la
traite des fourrures dans les pays qu'il découvrirait.
Aidé par ses quatre fils, mais malheureusement
flanqué d'associés plus intéressés au commerce des
fourrures qu'à la mer du couchant, il part en mai
1731 du Lac Supérieur. Au bout de trois ans, après
avoir établi des postes de traite et construit des
forts, il a franchi cinq cents milles et pris possession des vastes plaines de la région du Manitoba.

Mais il fallut encore des années et des années de
luttes et d'efforts pour amener, le 13 janvier 1743,
l'aîné de ses fils, Pierre de la Verendrye, aux premiers contreforts des Montagnes Rocheuses. Cette
haute muraille, qui se dressait à l'extrémité de la
plaine, barrant un horizon qu'on avait espéré voir
s'élargir sur la mer, apparut comme un obstacle
infranchissable. Moment de bien cruelle déception !
Remontant vers le Nord en longeant la chaîne de
montagnes, les fils de la Verendrye atteignirent le
Missouri et prirent, le 17 mars 1734, possession
officielle des pays découverts.

C'était tout un monde nouveau, le monde infini
de la patrie lointaine, plein de richesses et plein
de promesses, que le génie de ces hommes venait de
découvrir. Par la brèche où ils étaient passés, vont
se précipiter désormais profiteurs et exploiteurs :
ceux-là qui pensent bien à fonder des comptoirs et

à dresser des palissades, mais se soucient peu des conquêtes morales, les seules sur lesquelles peuvent s'asseoir des établissements durables.

Dans l'histoire de la Nouvelle-France, les influences de ces hommes, tous si étrangement diffé-rents les uns des autres, se mêlent, s'enchevêtrent et réagissent les unes sur les autres. Dissemblables de tempérament, de goûts et d'idées, apôtres, colons et marchands ne s'entendaient guère que pour se défendre contre l'Indien et l'Anglais. Cependant il faut bien reconnaître que les apôtres et les colons ont imprimé à la patrie naissante un sceau tellement indélébile qu'aujourd'hui encore elle en reste marquée.

Dans un pays au climat rude, au milieu de la forêt pleine d'embûches, perpétuellement en butte aux attaques de l'Indien, en lutte presque constante avec l'Anglais, loin de la mère-patrie toujours trop lente à envoyer des secours toujours insuffisants, les hommes venus là rêvaient de construire une Nouvelle-France semblable à celle d'où ils étaient partis. Leur vie spirituelle assurée, leur vie maté-rielle garantie, ils consacraient tout ce qui leur restait d'énergie et de ressources à soutenir ceux qui donnaient l'instruction aux enfants blancs et aux petits sauvages qu'ils voulaient convertir.

D'abord les pères Récollets qui, quelques années après que Champlain se fut installé à Québec, ouvrirent la première école. Puis, vinrent les Jésuites, qui, en 1637, fondèrent un collège. Deux ans plus tard, en pleine forêt, Mme de la Pelletrie, qui apportait avec elle tout le charme de la vieille France, aidée de la vénérable Marie de l'Incarnation, dont l'âme était parée des plus rares vertus, élevait le couvent des Ursulines et installait dans des cabanes d'écorce la première école de filles où fréquentaient les jeunes Algonquines. C'est sœur Marie Bourgeoys, fondatrice de l'œuvre aujourd'hui si prospère des Dames de la Congrégation, qui, dans Villemarie qui devait devenir Montréal, aidée par M. de Maisonneuve, ouvre une école misérablement installée dans une étable. Ses succès sont tels qu'en 1670 elle obtient l'autorisation d'en ouvrir de nouvelles dans tout le diocèse.

Au milieu d'une jeune colonie, encore pauvre, cruellement éprouvée par la guerre et la maladie, Mgr de Montmorency-Laval, dont l'influence fut probablement décisive dans le destin de la colonie, hiérarchise le clergé, organise les paroisses et fonde des maisons d'éducation. Comme il avait compris l'importance de cet organisme social qu'est la paroisse, il se préoccupe du recrutement sacerdotal et fonde à Québec un grand, puis un petit séminaire. A Saint-Joachim, il ouvre une école qui, dans son esprit, devait être à la fois école normale, école d'agriculture et où, par surcroît, on devait enseigner les beaux-arts.

Ainsi peu à peu se multiplient et progressent sur le sol de la Nouvelle-France, pour les garçons comme pour les filles, pour le peuple comme pour les dirigeants, des établissements d'enseignement qui ne veulent être inférieurs en rien à ceux de la mère patrie. Les patois apportés des provinces françaises se neutralisent, puis se fondent, pour faire place à un parler plus pur, celui de la classe dirigeante, des officiers, de l'administration et du clergé.

Vinrent la défaite, puis d'inutiles victoires, puis la capitulation, puis la cession. Le traité de Paris de 1763 sanctionnait la capitulation de Montréal. Les habitants conservèrent leurs biens, leurs droits et leur religion; mais aucun article du traité ne garantissait la langue.

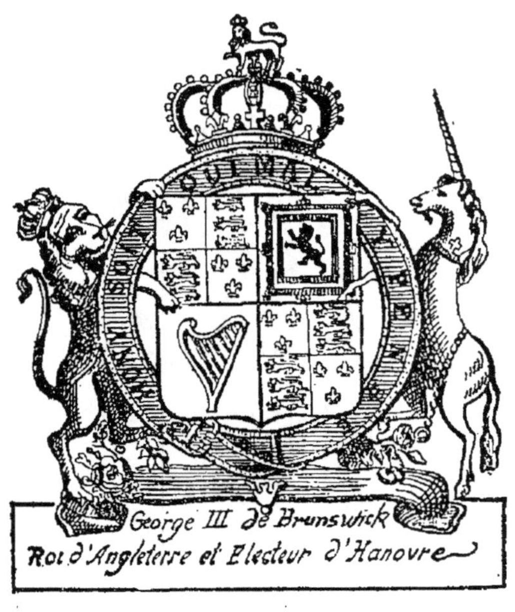

SOUS LE SIGNE DU LION

Dans l'esprit de ceux qui signèrent à Paris la paix du 10 février 1763, la cession de la Nouvelle-France n'avait rien de définitif. Quelles que fussent les opinions candides de Monsieur de Voltaire sur « les quelques arpents de neige » et celles imputées à Monsieur Berryer sur « les écuries », cette cession n'était qu'une concession aux exigences du vainqueur; cette paix n'était qu'un armistice. C'était un gage donné à la mauvaise fortune des armes que l'heureuse fortune devait être capable de racheter un jour. Ni le Gouvernement royal, ni le peuple de France ne renonçaient volontairement à un empire conquis par tant d'héroïsme. Sauf quelques personnages plus préoccupés de faire un bon mot qu'une bonne politique, nul ne songeait à abandonner ces honnêtes familles françaises fixées dans un lointain pays. Qui en douterait devrait lire les protestations des chambres de commerce françaises lors de la nouvelle de la cession, et parcourir les Archives du Ministère de la marine pour y voir étalées, sous de multiples formes, les préoccupations incessantes du pouvoir royal; jusques et y compris des plans de campagne élaborés pour la reprise des territoires perdus.

D'ailleurs pour un enjeu lointain comme le Canada, le vrai champ de bataille ne fut ni sur les rives du Saint-Laurent, ni sur celles du lac Champlain, mais au cœur de l'Europe. Aujourd'hui, personne ne niera que les défaites de Rosbach et de Minden pesèrent plus lourdement sur le traité de Paris que les deux coups de dés joués par le destin sur le plateau d'Abraham.

La paix revenue, fonctionnaires, officiers, négociants, beaucoup de nobles et quelques bourgeois rentrèrent en France. Le long d'une bande de terre partiellement défrichée, enserrés entre la forêt, qui n'avait d'autres limites que les glaces du pôle, et le Saint-Laurent où, chaque jour, un peu d'espoir partait à la dérive, soixante mille pauvres diables se trouvèrent abandonnés. En présence d'un vainqueur de mœurs, de langue et de religion différentes, dont la résistance avait exaspéré l'orgueil, qu'allaient-ils devenir? Céder? On avait pu les céder comme des choses. Eux, si malheureux qu'ils fussent, ne furent pas de cet avis. Résister? En contact avec une armée d'occupation, il fallait trouver la manière. Ils trouvèrent la bonne : celle d'une patience obstinée et têtue apportée à la défense des droits garantis par un pacte.

Longue et tragique histoire que celle de leur obstination à ne pas mourir!

L'Angleterre n'avait contre les Canadiens français aucun grief sérieux. Ils payaient régulièrement l'impôt; et, au cours de la guerre contre les colonies révoltées dont ils auraient pu profiter pour s'insurger, ils s'étaient montrés aussi loyaux sujets que braves soldats. Mais la proclamation de l'indépendance de la jeune république américaine amena au Canada un nombre considérable de protestants fidèles à l'Angleterre. Dans le bas Canada, leur nombre passa de 136 à 15.000. Cet apport nouveau n'arrangea pas les choses. On ignorait à cette époque l'importance des missions d'enquête et la politique était plutôt affaire de sentiment que de froide raison. Mal renseigné, le gouvernement de Londres crut devoir édicter des mesures pour défendre une minorité anglaise soi-disant menacée.

Guidé par un clergé fidèle qui comprit la gravité de l'heure, dans ce cadre vieux mais solide de la paroisse, où la vie sociale atteint parfois une si surprenante activité, la résistance s'organisa. Il fallait d'abord vivre, puis relever les ruines d'une guerre longue et cruelle; et surtout, parer les coups d'une législation nouvelle dont on prévoyait les pires effets.

Depuis la cession, le gouvernement avait fait défense aux congrégations de se recruter. Peu à peu, leurs biens furent confisqués, de sorte que, une à une, les écoles qu'elles subventionnaient se fermèrent, et par faute de maîtres et par manque d'argent. Les mères de famille élevées chez les Dames de la Congrégation ou chez les Ursulines devinrent institutrices de leurs enfants. Dans son presbytère, âme de la défense, le curé, gardien de la religion et de la langue, cumula le sacerdoce du prêtre et celui de l'instituteur. Les jeunes gens qui se destinaient aux professions libérales allèrent chercher les éléments d'une culture supérieure au petit séminaire de Québec ou au collège de Montréal qui, seuls au milieu de l'effondrement général, restaient encore debout.

Ainsi, pendant cette période douloureuse au cours

de laquelle semblaient sombrer tous les espoirs, ces deux institutions, autour desquelles se sont groupés depuis les éléments des universités actuelles, comme deux arches saintes, recueillirent le peu de ce qui restait de vie intellectuelle française sur le sol d'Amérique et le sauvèrent du naufrage.

Après avoir prétendu que, pour cultiver leurs terres, les Canadiens n'avaient peut-être pas besoin d'écoles, on se décida, vers 1800, à faire quelque chose pour eux : on organisa l' « Institution royale ». Celle-ci employait une partie des biens de la Couronne et des biens des Jésuites à la création d'écoles neutres pour l'entretien desquelles les familles devaient payer. Comprenant le danger de ces écoles où leurs enfants se trouvaient en contact avec les jeunes Anglais; et où, trop souvent à leur gré, enseignaient des maîtres protestants, les Canadiens fondèrent avec leurs propres ressources des écoles paroissiales. Il fallut plus de vingt ans de protestations et de luttes pour les délivrer de la charge d'un impôt nécessaire à l'entretien des écoles dirigées contre eux. Cette question des écoles se mêlait, au Parlement, avec la question des subsides. La lutte parlementaire s'envenima et provoqua une agitation qui gagna le pays. Ce furent les malheureuses émeutes de 1837 et 1838, réprimées par l'incendie, l'exil et la potence.

L'Acte d'Union législative entre les deux provinces du Canada, qui était avant tout un acte de représailles, devait, par un ensemble de mesures, amener la prédominance de l'élément anglais. Entre autres mesures, il proposait de reconnaître comme seuls textes officiels, au Parlement, les documents rédigés en anglais. Le courage et l'habileté politique de L.-H. Lafontaine, qui exerça dès la première séance son droit de faire usage de sa langue maternelle, déjoua le plan. Bref, c'est seulement en 1846, lorsque furent modifiées les organisations municipales et judiciaires, que fut votée la loi fondée sur le principe de la liberté de l'école. Cette loi permettait aux catholiques et aux protestants d'avoir des écoles séparées; elle mettait fin aux luttes constantes menées en faveur de l'école française. A cette époque seulement les Canadiens cessèrent de payer des taxes scolaires pour des écoles qui n'étaient pas les leurs, et commencèrent à recevoir des subsides du gouvernement la part proportionnelle qui revenait à leur nombre.

Tant de patients efforts contribuèrent à rendre l'atmosphère plus libérale. Déjà s'ouvraient un peu partout des collèges classiques, calqués sur le petit séminaire de Québec et sur le collège de Montréal. Puis, en l'année 1852, la reine Victoria accordait à Québec la faveur d'une université dotée de tous les privilèges accordés aux universités d'Europe. En souvenir de l'œuvre admirable accom-

par Mgr de Montmorency-Laval, la nouvelle
dation reçut le nom d'Université Laval. La
ur de l'enseignement qu'elle donnait, l'impor-
e de sa bibliothèque, l'outillage de ses labo-
ires, la variété de ses collections et la richesse
on musée en firent bientôt une des plus célèbres
l'Amérique.

endant que, violente, se poursuivait la lutte
r la conservation des droits, des coutumes et
la langue, la race canadienne-française était
nacée d'un grave péril. Le régime d'oppression,
mosphère de lutte étaient loin d'être favorables
a prospérité générale. L'impossibilité où se
ıvaient les pères de famille d'installer leurs
ants sur des terres nouvelles accaparées par des
culateurs éhontés força un grand nombre d'entre
à émigrer vers les Etats-Unis où, d'ailleurs,
dustrie naissante faisait miroiter l'appât des
s salaires. A l'heure où la race française avait
oin de se défendre contre les violences d'une
norité, elle s'affaiblissait. Pour diminuer ce cou-
t de sève qui s'en allait enrichir les voisins du
, pour conserver ce capital humain, il fallut
rir des chemins, offrir à la colonisation des
res nouvelles, et faire appel au patriotisme et à
foi religieuse pour enrayer ce mouvement dont
xtension tournait au désastre.

A l'heure actuelle, les groupes émigrés s'élèvent

à près d'un million et demi. C'est un spectacle peu ordinaire de trouver, au milieu des Etats de la Nouvelle-Angleterre, ces centres de vie française qui ont conservé leur langue, leurs coutumes, leur religion, possèdent des écoles, publient des journaux et restent par des associations puissantes en relations constantes avec leurs frères du Canada.

Au cours de cette longue et douloureuse épreuve, la France n'apportait à ceux qui luttaient pour sauvegarder leurs droits ni aide ni espoir. Vainement du haut des remparts de Québec le vieux soldat canadien regardait vers la mer d'où monte la lumière, et, mélancoliquement, répétait avec le poète [1] :

Dis-moi, mon fils, ne paraissent-ils pas?

Près d'un siècle passa sans que rien parût. Ni missionnaires, ni colons, ni livres, ni journaux. C'était le blocus intellectuel. Il fallait durer; et, pour durer, il fallait vivre sur ses réserves. Aussi, de quels soins attentifs n'entourait-on pas les vieux livres de France où les aïeux avaient appris leur langue et lu leur histoire! Souvent l'écolier devait copier à la main l'exemplaire unique du manuel ouvert sur un lutrin, l'exemplaire sacré sur lequel seul le maître avait le droit de poser les mains.

1. Crémazie.

Reliques chères entre toutes, vieillies, quelquefois tachées, déchirées, dont les feuilles partaient au vent, elles furent le seul aliment de l'esprit, le seul cordial de l'âme. Elles furent le flambeau vacillant à la lueur duquel on apprit à lire aux petits; elles furent le feu sacré éclairant pour eux la route de l'espoir.

Un jour de l'été de 1855, une frégate dont le nom évoquait un des attributs de la Destinée, *la Capricieuse*, remontait le Saint-Laurent en arborant un pavillon inconnu sur ces rives. De la France toujours vivante on ignorait et les révolutions et les guerres. De quelles acclamations ne fut-il pas salué, ce drapeau, quand on apprit que ces plis tricolores scellaient les couleurs de la France monarchique à celles de Paris, sa capitale! En rétablissant les relations commerciales entre la France et le Canada, rétablissement que la *Capricieuse* venait célébrer, Napoléon III fit plus pour la survivance française que pour le commerce français. On exporta moins d'articles de Paris que de livres, on se préoccupa plutôt de meubler les esprits que de meubler les demeures ; il s'agissait d'embellir l'intelligence avant le corps; de sorte que toute la littérature romantique avait déjà franchi l'océan avant que ne fussent vendues capes et crinolines dont se parait Paris. Le blocus prenait fin.

Sur l'ancien champ de bataille de Sainte-Foy des

fêtes se déroulèrent dans une atmosphère d'entente cordiale. Les discours officiels proclamèrent la liberté pour chaque race de marcher suivant son génie propre dans la voie du progrès. Chaque jour, bon gré ou mal gré, un peu plus de libéralisme glissait dans les lois. Finalement en 1867, fut proclamée la Constitution fédérale qui, en donnant l'autonomie à chaque province, assura au Canada son équilibre et sa prospérité.

Désormais, l'emploi de la langue française devenait facultatif devant les tribunaux, au parlement fédéral et au parlement provincial de Québec ; par contre, lois, archives et procès-verbaux devaient être obligatoirement rédigés en anglais et en français.

SOUS LE SIGNE DE L'ÉRABLE

La nouvelle constitution du Dominion semblait rendre possible l'essor des Canadiens français. Un nouveau péril les menaçait. Le flot d'immigration anglaise, commencé dès la fin des guerres de l'Empire, accru par d'autres courants d'émigrants venus de tous les pays d'Europe, déferla vers 1850 avec une violence telle qu'il eût submergé toute autre race de vitalité plus faible. Mais au flot sans cesse montant de ces éléments disparates, les Canadiens opposèrent un flot sans cesse croissant de naissances : ce fut la revanche des berceaux. A l'heure actuelle, en tenant compte des groupes canadiens-français des États-Unis, leur nombre doit être de 4 à 5 millions, dont la majorité dans la province de Québec. Si rien ne vient arrêter la marche ascensionnelle d'une population où les familles de 10 et 15 enfants ne sont pas rares, dans un siècle ils seront plus de 60 millions !

Maîtresse à peu près absolue de ses destinées dans la province de Québec, la race canadienne-française déborde dans les provinces voisines. La voici le long des frontières de l'Ontario. A la recherche de terres pour leurs nombreux enfants, ou attirés par le travail, ils sont venus là plus de 250.000; et, fondant des paroisses identiques à celles du Québec, ils se sont enracinés. Leur présence dans une province, où la législation scolaire fait passer l'Anglais avant tout, ne va pas sans difficultés. Pour avoir des écoles à eux où ils puissent non seulement enseigner le français, mais encore enseigner en français, les Canadiens ont dû lutter longtemps. A leur secours sont venus ceux de la province de Québec qui, respectueux des libertés de la minorité, n'entendent pas voir leurs frères des provinces voisines brimés par des majorités intolérantes.

En effet, lorsqu'on étudie le système d'éducation de la province de Québec, on ne peut s'empêcher d'admirer le libéralisme qui a présidé à son organisation. Dans ce réseau qui s'étend de l'école primaire aux écoles techniques, des collèges classiques aux universités, sont enfermés des éléments de races et de religions différentes : aucun de ces éléments n'y est opprimé, tous s'y développent librement. Mais cette liberté qui permet aux Canadiens français, au nombre de plus de 2 millions dans la seule province de Québec, de s'épanouir sans entraves, ne fut pas l'octroi d'un bon vouloir ; elle fut chèrement conquise. Si aujourd'hui ils ont des écoles bien à eux, des universités bien à eux, ils le doivent aux efforts de plusieurs générations d'hommes qui firent le sacrifice de leur bien-être matériel pour la sauvegarde de leur idéal.

Sans cesse accrue par le renfort toujours maintenu des naissances, la race canadienne-française, après avoir conquis sa liberté et conservé sa langue, refoule devant elle ceux qui la considéraient, il y a peu de temps encore, comme une force négligeable.

Chaque jour la colonisation lui offre de nouveaux espaces à défricher. Hier, les vastes territoires du lac Saint-Jean, aujourd'hui ceux de l'Abitibi. Demain, dans la seule province de Québec, les territoires de la Couronne non encore défrichés pourront nourrir une population vingt fois plus nombreuse! Peu à peu, le long de la route entaillée au cœur de la forêt compacte, se rangent les cabanes de bois derrière lesquelles surgissent par morceaux " les terres planches" chargées d'épis. Puis, quand la clairière s'est élargie, la cabane disparaît pour faire place à la maison confortable qui se peuple d'enfants. Le rendement du sol accru par l'emploi des machines et par des procédés scientifiques d'exploitation encore mal appliqués en Europe, l'aisance vient; et avec elle, la possibilité de nouveaux progrès.

Certes, le Canada est avant tout un pays agricole. Les forêts y sont sans limites, les troupeaux y sont innombrables; et la fertilité des terres en a fait déjà un des greniers du monde. Mais il n'y a pas au Canada que des agriculteurs et des bûcherons, il n'y a pas là-bas que des colons défricheurs rangés en lignes de tirailleurs devant la forêt ou disséminés en francs-tireurs aux frontières de la civilisation. Les Chapdelaine, nombreux autrefois, sont une exception aujourd'hui. Maria Chapdelaine, placée dans un milieu exceptionnellement austère, apparaît comme un clair symbole pour ceux qui n'ignorent plus le miracle de la survivance canadienne-française. En dehors de la terre dont la richesse semble inépuisable, il y a des richesses potentielles incalculables que l'industrie commence seulement à réaliser. Les lacs et les rivières ont des pouvoirs d'eau d'une puissance prodigieuse; et dans le sous-sol encore mal exploité, gisent en abondance des métaux rares et précieux.

Longtemps, le commerce et l'industrie furent exclusivement entre les mains de l'Anglais ou de l'Américain qui apportaient avec eux la puissance de leur or et la supériorité de leurs techniques ; mais après la conquête du sol, le travail et l'épargne canadiens-français ont créé les banques canadiennes-françaises qui commanditent la jeune industrie canadienne-française, l'encouragent, la soutiennent et lui permettent chaque jour de nouvelles audaces. Servie par des coopératives de toutes sortes, la population rurale enrichie développe les industries agricoles; d'autre part, les bords des rivières, où courent les billots, se peuplent d'usines; et, dans la paroisse comme dans la ville, maisons de commerce et banques se multiplient sans arrêt. Et les villes croissent et s'enrichissent rapidement. Sans parler des villes de l'Ouest, voici Montréal, la plus importante de toutes, dont la population, triple de ce qu'elle était il y a trente ans, compte aujourd'hui 900.000 citoyens dont plus de 600.000 sont canadiens-français.

Résultats surprenants si l'on songe à l'isolement de ceux qui les ont obtenus. Leur obstination à rester fidèles à un idéal, leur homogénéité en tant que race, leur discipline en tant que groupe social leur ont fait surmonter bien des obstacles. Ils semblaient devoir être toujours relégués dans des emplois subalternes ceux-là qui, pendant le naufrage, s'étaient accrochés au sol comme à un radeau. A tout jamais, ils semblaient devoir rester les serviteurs des nouveaux venus, riches d'influences et de capitaux, riches de procédés et de sciences importés d'Europe; et les voici dans l'arène politique, économique, financière et intellectuelle où, à leur tour, riches maintenant d'argent et de savoir, ils rêvent, que dis-je, ils veulent de nouveaux progrès.

Ils ont compris depuis longtemps pourquoi leurs luttes furent longues et pénibles; ils savent que, si, malgré le courage de leurs hommes d'Etat et le secours incessant de leur clergé, ils n'ont pas vaincu plus tôt, c'est parce que les élites sociales étaient mal préparées. La valeur morale, qui a rendu possible le miracle de la survivance, n'est plus aujourd'hui suffisante à elle seule pour ramener une victoire durable. Pour vaincre dans l'âpre lutte pour la vie qui menace nos libertés, il nous faut apporter chaque jour plus de ténacité, mais aussi plus de science. Nous vivons bien à l'âge du fer; mais s'il est indispensable de pouvoir forger une épée, il ne faut pas être moins apte à savoir fabriquer un chronomètre. C'est pourquoi, après avoir assuré l'instruction du peuple, sauvegarde des réserves à venir, les Canadiens français se sont, par la création des universités, préoccupés du perfectionnement des élites.

Longtemps ces universités furent constituées par

des éléments disparates dont le but était la formation des praticiens et la création de cette classe dirigeante sans laquelle une race, si vaillante soit-elle, reste impuissante à se défendre. En dehors des centres de culture classique, fidèles depuis trois siècles à leur mission sacrée, l'initiative privée créa, pour les besoins de chaque profession, des écoles d'enseignement. Une à une surgirent, souvent au prix d'énormes difficultés, des écoles de médecins, de dentistes, de pharmaciens, d'ingénieurs et de commerçants. Peu à peu, ces diverses institutions, plus ou moins indépendantes, s'agrégèrent entre elles, et, cimentées par un idéal commun, formèrent les blocs aujourd'hui si solide des universités.

Hier encore réunies sous le nom d'Université Laval (de Québec et de Montréal), les deux universités canadiennes-françaises sont aujourd'hui complètement distinctes l'une de l'autre. Toutes deux continuent leur œuvre : la première à Québec, sous le nom d'Université Laval; la seconde à Montréal, sous le nom d'Université de Montréal. C'est l'Université Laval, dont la création remonte à 1852, qui a fondé l'Université de Montréal; mais cette dernière, établie dans un centre dont la fortune a été rapide, n'a pas tardé à réclamer une autonomie qui lui paraissait nécessaire à un nouvel essor.

Si la littérature et les sciences sont encore étudiées pour des buts pratiques, elles tendent de plus en plus à être cultivées pour des fins moins intéressées. Dans le domaine littéraire, des chaires de littérature française, où enseignent, depuis Ferdinand Brunetière, des professeurs de France, ont été créées à Montréal et à Québec. Dans le domaine scientifique, cette tendance est encore plus accentuée. Après avoir créé, à la Faculté de Médecine, des cours de science pure qui rehaussent singulièrement la culture des nouveaux praticiens, une Faculté des Sciences a été fondée où des étudiants de plus en plus nombreux cultivent la science sans aucun souci d'applications pratiques.

Autour de l'Université et sous sa direction, prennent naissance des institutions comme l'Institut du Radium de l'Université de Montréal affilié à l'Institut de Radium de Paris, s'organisent des sociétés qui, comme la Société de Biologie, s'affilient aux sociétés similaires de France. Ces sociétés savantes, de plus en plus nombreuses, sont en voie de fédération. Elles vont devenir, chacune dans sa sphère, des éléments de diffusion de la langue et de la culture françaises. Que demain la Faculté des Sciences et la Société de Biologie, après avoir formé les compétences nécessaires, contribuent à l'organisation des musées de sciences naturelles; et, après avoir vu les livres de France dans les bibliothèques, les appareils français dans les laboratoires, nous verrons figurer dans les salles de collections, dans les jardins d'animaux et les jardins botaniques, au-dessous de la pacificatrice dénomination latine, le nom français à côté du nom anglais. N'est-ce pas là un procédé durable et efficace de pénétration pacifique?

D'autre part, depuis longtemps déjà, de nombreuses sociétés, dont les dirigeants sont maintenant en contact avec les Universités, se consacrent plus spécialement à la défense de la langue; les unes pour la garder pure d'anglicismes; les autres pour en propager l'emploi. Elles publient des revues où elles expriment leur idéal, où elles exposent leurs méthodes d'action. C'est ainsi qu'elles secondent et éclairent efficacement les nombreux journaux de langue française, qui sont presque toujours les défenseurs de notre culture et très souvent de notre politique.

En résumé, ces Universités, dont l'épanouissement est la conséquence d'un effort séculaire, sont des centres de plus en plus actifs de la vie intellectuelle et morale des Canadiens français. Grâce à elles, ceux-ci se maintiennent dans la position de citoyens libres et dignes, égaux à ceux qui, tard venus, favorisés par la fortune des armes, croyaient pouvoir dompter les hommes comme ils avaient asservi la nature. Récemment réorganisées, pourvues de laboratoires, dont quelques-uns sont admirablement outillés pour l'enseignement et la recherche, guidées par des hommes qui sont venus demander à l'Europe et, dans la presque totalité des cas, à la France, le secret de la haute culture, riches de possibilités et d'espérances, les deux Universités, après avoir été des centres de la résistance canadienne-française, ambitionnent de devenir sur le sol d'Amérique des centres de rayonnement de la culture française.

Leur ambition ne saurait porter ombrage à personne, car dans le cadre d'une législation libérale elle n'est dirigée contre personne. En devenant des centres d'expansion française, non seulement elles ne nuiront pas aux universités de langue anglaise du Canada ou des États-Unis, mais elles les serviront, en les aidant à mieux connaître une culture différente de celle qu'elles défendent. Elles feront mieux comprendre que, si les liens qui unissent la science et l'industrie deviennent de plus en plus étroits, ce n'est pas une raison pour que la science s'industrialise, pour que le vrai devienne nécessairement l'utile, pour que savoir et dollars se confondent. Gardiennes des morales millénaires, elles montreront que, pour éviter le déchaînement des forces du mal, toujours possible par la domestication scientifique des forces de la nature, les progrès de la morale doivent marcher de pair avec les progrès du savoir. Croire que la science est la religion de l'avenir, c'est nier l'avenir des religions qui, assignant au savoir une fin plus noble que l'utile, fixent par delà l'utile et l'inutile, au vrai comme au beau, cette finalité suprême que, naïvement peut-être, nous appelons le bien.

D'une manière générale, chez le vainqueur, l'intention d'assimiler la minorité n'apparaît pas trop évidente. En tout cas, il n'y met aucune violence, car il sait le poids des ans, et la force du nombre. De leur côté, ceux qui pendant un temps furent un gage résigné, mais tenace, ne manifestent publiquement aucune hostilité. Cependant, quel que soit leur loyalisme envers ceux qui leur donnèrent la liberté et l'argent, ils entendent conserver un précieux héritage. S'ils acceptent l'américanisation de la demeure et du vêtement, s'ils consentent à s'outiller à Londres ou à New-York, ils veulent orner leur esprit à la mode française. Ainsi s'explique pourquoi au rythme des bers, les mamans fredonnent encore de très vieilles chansons de France; pourquoi, après avoir appris leur langue et leur histoire dans des livres français, ils consacrent les jours dédiés à l'Empire à célébrer ceux des leurs qui furent héroïques; pourquoi, sur l'air du *God save the king,* ils chantent les couplets d'un cantique à Marie. Puisqu'ils croient à l'immortalité de l'âme, qui les blâmerait de croire à l'immortalité de leur race.

D'autre part les Canadiens français n'entendent pas se priver du bénéfice que leur apporte l'Université anglaise. Très sagement ils revendiquent le droit de participer à deux hautes cultures. S'ils prisent à sa très haute valeur l'enseignement que leur apportent Oxford, Cambridge et quelquefois New-York, ils n'en estiment pas moins celui qui leur vient de Paris pour lequel ils manifestent un penchant plus marqué. Aussi, toutes les fois qu'ils en ont l'occasion, les Canadiens français ne manquent-ils pas d'inviter les représentants les plus autorisés de la culture française. Ce geste, qui prend la valeur d'un hommage délicat rendu à l'ancienne mère patrie, leur permet de montrer l'œuvre de sauvegarde française réalisée par eux dans l'abandon de tous, en même temps qu'elle leur donne l'occasion de demander, à ceux-là même dont le génie les inspirera, des conseils et des directives pour assurer le salut et le succès de leurs entreprises. Ceux qui, répondant à l'invitation, ont franchi l'Atlantique, diront quel enthousiaste et fraternel accueil ils ont reçu. Sur le sol de la vieille Nouvelle-France bien peu ont résisté à l'émotion née au contact des hommes de bonne volonté, restés obstinément fidèles; et beaucoup ont compris qu'aux entreprises auxquelles on leur demandait de s'intéresser, il fallait non pas se prêter mais se donner, et qu'en fin de compte l'essentiel n'était peut-être pas d'apporter toute sa science, mais qu'à la tâche commune il fallait nécessairement donner tout son cœur.

LA FLAMME AUX TROIS COULEURS

Devant la statue de Notre Dame de Grand-Pou-
voir, dans la chapelle des Ursulines de Québec, où
un boulet prépara la tombe de Montcalm, il est une
lampe qui ne s'éteint jamais : on la nomme la
flamme du souvenir. Fut-elle allumée un soir de ce
mois de septembre 1759 où furent ensevelies avec
le vainqueur de Carillon les espérances de la France
en Amérique? Ou bien cette lampe fut-elle anté-
rieurement éclairée par une jeune nonne reconnais-

sante à Marie de l'avoir délivrée des angoisses du doute? Son origine se pare de légendes. N'importe, puisque depuis cette époque lointaine de pieuses vestales font vivre ce feu symbolique dont la vie même atteste la continuité d'une noble pensée. Pour comprendre toute la poésie de ce symbole, il faudrait quand la nuit tombe, franchir les portes de ce monastère retranché sur les hauteurs de la ville, et regarder à travers le grillage, gardien du mystère des âmes, ce vase de verre rouge où un peu d'huile jaune s'ennoblit en brûlant.

Celles qui, pour lutter contre les ténèbres de l'oubli, décidèrent d'animer de leur propre souffle ce foyer, ignoraient la génération présente comme celle-ci ignore celles des siècles à venir. Dans le mystère de ce cloître où les murs font une digue à la vaine agitation du moment, chaque jour des âmes pacifiées par la prière transmettent à de jeunes novices un peu du lourd tribut hérité des ancêtres, en soudant au feu de ce foyer un passé glorieux au futur incertain. C'est toute une race qui veille au sanctuaire du souvenir. Où finit le passé, où commence le présent? Nul ne le sait. Dans cette course du flambeau dans l'arène des siècles où l'immobilité de cette flamme marque à la fois un départ et un but, on ne distingue plus très bien l'autrefois du présent; et déjà celui-ci s'élance avec toute la puissance de ses espoirs dans le ciel de demain. Les morts se mêlent aux mourants; à travers les générations actives les très vieux rejoignent les très jeunes, et les tout petits encore inconscients se confondent à ceux qui s'éveillent au jour. Sur le métier du temps la chaîne et la trame sont ininterrompues. Dans le flot bouillonnant de la race, les individus ne sont rien que de pauvres parcelles, de minuscules choses, guidées et écrasées par des fatalités. Tous se mêlent et se confondent comme se mêlent et se confondent les gouttes d'huile de la lampe dont l'âme est une flamme, comme se mêlent et se confondent les gouttes d'eau du fleuve qui, mobile ou glacé, s'en va vers son destin.

Si, dans la demi-obscurité du cloître, des âmes délicates veillent devant les restes de ce qui fut le passé, voici à la lumière du soleil, éclater par les villes et les champs les couleurs de la France. Sur les rives du Saint-Laurent, de par la volonté d'une race, son drapeau flotte à côté de celui de la libre Angleterre. Comprenons le sens de ce symbole. L'entente cordiale est réalisée là-bas depuis longtemps : elle y est faite d'estime réciproque, de concessions mutuelles et, de part et d'autre, d'un sens hautement humain de la liberté. Ces trois couleurs que le Canadien français hisse au faîte de son mât, comme une flamme, ne signifient ni l'insurrection contre l'Angleterre, ni l'appel à la France. Elles sont le symbole des droits conservés, des libertés conquises, de l'amour d'une religion et d'une langue qui, depuis des siècles, éveillent les berceaux et endorment les sépultures.

Trop longtemps la France ignora le miracle de sa survivance lointaine. Maintenant qu'elle sait, elle exprime sa gratitude à ceux qui furent sans elle les champions de sa cause. Sur cette tête de pont établie de l'autre côté de l'Atlantique, le Canada français apparaît comme un des boucliers de la culture française; sentinelle avancée à une des portes du nouveau monde anglo-saxon, il garde le passé, protège le présent et réserve l'avenir.

EN LISANT MARIA CHAPDELAINE[1]

1. Les nombres en indices correspondent aux pages es volumes de *Maria Chapdelaine* (Bernard Grasset) : de *Colette Baudoche* (Nelson).

UN CHAMP DE BATAILLE

Parmi les champs de bataille où la race française lutte contre le flot qui la menace, en est-il un
plus émouvant que le pays de Québec? Si les terres
comprises entre Rhin et Moselle furent plus chères
à la France, c'est que là, chaque grain de poussière
est cendre de ses morts, et chaque arpent de terre,
gage suprême de son indépendance.

Par delà l'immensité mouvante de l'océan, loin
de leur patrie d'origine, cédés, puis oubliés, abandonnés à l'inclémence de la nature et à l'hostilité

d'un vainqueur, quelques hommes se sont souvenu qu'ils étaient une race; et, fidèles à un souvenir, se sont obstinés à ne pas mourir.

Ce qu'il y a d'émouvant et d'admirable, c'est que la lutte commencée il y a trois siècles dure encore. Après la lutte contre la nature sauvage, après les luttes sanglantes contre l'Angleterre, puis contre les États-Unis, les Canadiens français entreprirent de faire reconnaître leurs droits inscrits dans un traité. C'est bien sous le régime anglais qu'ils conquirent leur liberté; mais encore qu'ils soient les fidèles et loyaux sujets de la libre Angleterre, ils n'oublient pas leurs origines; et aujourd'hui plus que jamais ils demandent à la France une culture morale et une direction intellectuelle qui leur paraissent mieux s'adapter à leur génie propre.

Le Français, qui aborde pour la première fois aux rives du Saint-Laurent, n'est pas peu étonné de trouver là, vivante encore, la France qu'il croyait ensevelie dans le linceul fleurdelysé de l'ancienne monarchie. 1763! C'est si loin, et il s'est passé tant de choses depuis ! Mais au fur et à mesure qu'il prend contact avec le pays, il s'aperçoit que les fleurs de lys d'or détachées du drapeau blanc de France ne sont pas seulement un vain symbole fixé maintenant dans les armes du pays de Québec, et il comprend que la devise : « Je me souviens » inscrite au bas de l'écusson de la province n'est pas non plus une vaine formule.

Au bord de ce fleuve d'où montèrent tant d'espérances et par où s'écoulèrent tant d'illusions, il réalise un miracle : tout ce qu'il fallut de diplomatie avisée et têtue, de volonté patiente et tenace pour obtenir du vainqueur aujourd'hui magnanime le respect des libertés inscrites dans le traité de Paris.

Là où il ne comptait trouver que l'Anglais, il trouve le Canadien, le Canadien descendant du premier occupant : le Français. Là où il croyait n'entendre que la langue anglaise, il entend le parler français. Là où il n'espérait pas trouver la pensée française, se révèle une âme restée française. Au milieu d'une jeune nation, il découvre une vieille race dont le jaillissement de vie paraît intarissable.

Cependant, au cours de cette lutte longue de plusieurs siècles entre l'homme et la nature et entre les hommes de races différentes, quelques éléments se sont modifiés. Si, au pays de Québec, la foi catholique est restée aussi vivace qu'elle le fut autrefois, si la coutume française inscrite dans le vieux droit français règle encore, malgré l'interprétation de quelques juges anglais, la justice devant les tribunaux, les mœurs se sont américanisées et la langue française s'est un peu altérée.

Ici depuis deux siècles, deux langues, l'anglaise

et la française, se heurtent. Comme deux armées au cours d'une longue bataille, elles se pénètrent réciproquement. Il y a des pionniers, de part et d'autres, qui, par un long isolement de leurs frères, n'expriment plus très bien ce qu'ils disaient autrefois avec tant de clarté. Il y a des expressions blessées, boiteuses, des mots amputés, estropiés, affreusement mutilés, méconnaissables; et il y a aussi les morts, les morts pitoyables qui furent héroïques et qui ne sont maintenant qu'un attristant souvenir.

On dirait que sur des positions inexpugnables certains termes paraissent invincibles, inchangés, inchangeables; que d'autres, dont le visage ferait bonne figure à côté des mots nés au cœur même de l'Ile-de-France, se sont rajeunis et renouvelés. Ah! comme elle est touchante, cette langue; et combien un Français de France, qu'il arrive directement après huit jours de mer ou qu'il sorte de la fournaise américaine, doit être ému en l'entendant parler! C'est l'être aimé parti pour les combats; celui que l'on croyait disparu et qu'on retrouve tout à coup. Sur cet îlot battu par le flot anglo-saxon, elle a tant souffert et de l'exil et de la lutte! Mais toute couverte de la boue sanglante de la bataille, comme elle reste encore vibrante et agissante! A l'adversaire elle tient tête, et non seulement elle conserve ses positions, mais sur certains points elle le force au recul. Si elle paraît invincible et éternelle, cette langue, c'est parce qu'elle a en elle la puissance d'un idéal, l'idéal d'une race qui met toute sa foi dans la justice, et toute son ardeur à la réaliser. Elle est meurtrie, certes; mais combien elle est plus chère encore ! Quel embusqué du boulevard oserait s'en moquer; quel optimiste serait assez béat pour ne pas s'étonner du miracle de sa survivance ?

Cette question du bien parler soulève au Canada d'incessantes discussions. Si les incompétents et les défaitistes, à quelque nationalité qu'ils appartiennent, ravalent la langue du pays de Québec au rang d'un patois, la majorité des Canadiens français affirment l'excellence de leur langage.

Pour donner à la question son sens véritable, il faudrait d'abord comparer ce qui est comparable, opposer ce qui est opposable et ne pas s'obstiner en cette matière, comme en tant d'autres, à hiérarchiser les valeurs comme dans un régiment on subordonne les grades. Evidemment l'accent d'un académicien de Paris n'est point celui d'un habitant d'une région de colonisation, pas plus que la langue châtiée de quelques avocats canadiens, ne ressemble au parler du croquant morvandiau ou picard. Cependant, si au lieu de vouloir qu'un accent soit de qualité supérieure ou de valeur médiocre, qu'une tournure soit élégante ou sotte, on voulait bien considérer une langue comme un tout, dans lequel chaque élément joue sa partie, cesserait bien vite le ton méprisant avec lequel on traite d'ordinaire langage populaire ou populacier, gorges rudes et gosiers chantants.

Est-ce ignorance ou audace de comparer une langue, et la française en particulier, à un fleuve dont le lit s'en va changeant lentement au cours des siècles ? Après la longue période des eaux vaga- bondes, voici la multitude des ruisselets grossissants convergeant vers la pente propice. Puis, après des divagations sans nombre, voici la masse d'eau endiguée dans les règles des grammairiens et des académies. Et, enfin, la voilà parvenue à cet état d'équilibre où le changement est si peu visible qu'il annonce la stagnation, et peut-être la mort.

Tout le long de sa route, venus des provinces lin- guistiques diverses, les affluents ne lui apportent-ils pas leurs eaux mêlées de limon? L'eau est l'eau, sans doute. Mais combien diverses sont les qualités des eaux et dans les sédiments qu'elles drainent que de variétés! Dans ce lent glissement au fond de la vallée décante ce qui n'est point chariable, et voici qu'à peine clarifié ou allégé le fleuve se trouble à nouveau à la rencontre d'une rivière nouvelle.

Le fleuve n'est le fleuve que par ses affluents. Il totalise leurs mérites et il ne serait plus tout à fait lui, ni par la puissance de son courant, la capacité de son débit et la qualité de ses eaux si l'un d'eux, fût-ce le moindre, venait à lui manquer. Dès lors quelle est dans ce problème linguistique la position du Canada français ?

Le bouclier canadien est-il seulement le mur qui frappé par une voix réfléchit un écho sonore? Est-il une province linguistique apportant quelque chose d'original au commun patrimoine de la grande famille francophone? Si l'affirmative répond à la deuxième question personne ne contestera qu'il participe à la vie de la langue au même titre que les terres de Vallonie, de Touraine ou d'Auvergne.

La distance et la neige et aussi le vaste enveloppement des peuples anglophones firent longtemps du pays de Québec une place assiégée. Comme dans une île séparée d'un continent par un cataclysme, l'isolement géographique eut le temps d'y manifester ses effets.

Il n'est donc pas étonnant que nous trouvions ici le linguiste et le biologiste, devant les mêmes problèmes.

Flores et faunes livrent leurs secrets à ceux qui savent le passé et aussi le fatalisme des hérédités; pour les autres elles sont des mystères. Car s'il est nécessaire de connaître ce qui n'a pas changé, n'est-il pas indispensable de savoir ce qui sombra : comment la puissance du milieu courba les formes, et aussi pourquoi sombrèrent celles d'entre-elles qui s'obstinèrent à vouloir rester elles-mêmes, celles qui inutilement s'acharnèrent à ne pas céder, par peur de déchoir.

De quelles sciences profondes ne faut-il pas être nourri pour suivre à travers les siècles l'évolution des formes et aussi celle des mots. Comment assembler débris de squelettes et fragments de syllabes, reconstituer un être ou un mot, éviter de donner à l'un l'apanage de l'autre, séparer ceux d'une même lignée, de ceux des phylums parallèles, comprendre les élans de la fécondité et les arrrêts des cataclysmes, expliquer l'excentricité des lignes et le ratatinement des tailles, percevoir le permanent et le passager, reconnaître le constant et le variable, distinguer enfin ce qui est évolué de ce qui vient de naître.

Difficiles problèmes mais non pas insolubles. L'observateur, impartialement attentif, découvre les mots nouveaux et les expressions pittoresques dont le Canada enrichit la langue française. D'autre part, ne donna-t-il pas à sa littérature des œuvres originales ? A ce double titre, personne ne contestera que dans le domaine de la langue, il est une province linguistique. Au fleuve français, il apporta et des mots et des œuvres. Dans quelle mesure a-t-il influencé la langue ? C'est là toute la question.

Les Canadiens français reprochent quelquefois aux Français leur ignorance des choses du Canada français. C'est que, peut-être, il n'est pas facile à ceux-ci d'expliquer un miracle lointain. C'est qu'il leur est difficile de comprendre comment soixante mille Français, à peu près dépourvus de tout, cédés par le traité de Paris, ont pu, au milieu du monde anglo-saxon dont la puissance matérielle est si considérable, devenir quatre millions, et constituer avec une élite sélectionnée un groupe ethnique homogène, dont tous les éléments ont les mêmes mœurs, la même langue, la même religion et le même idéal. Tant de persévérante vertu les déconcerte. Si ce miracle a pu se réaliser, c'est bien parce que des milliers d'hommes ont longtemps préféré les privations imposées par le devoir moral dicté par les ancêtres aux avantages matériels offerts par les vainqueurs.

Les Français qui, comme Louis Hémon, viennent et vivent au Canada, comprennent ce miracle, et à l'étonnement et à l'admiration succède chez eux la reconnaissance.

Puisque des œuvres comme *Les Oberlé*[1], *Les Exilés*[2], *Au service de l'Allemagne*[3] *et Colette Baudoche*[4] avaient dit les mérites de ceux qui sur les bords du Rhin restèrent, un demi-siècle durant, fidèles à la patrie française; puisque Longfellow, en popularisant *Evangéline*, avait mieux que les

1. René Bazin.
2. Paul Acker.
3 et 4. Maurice Barrès.

historiens révélé la tragique beauté du drame canadien, Louis Hémon pensa que la fidélité du pays de
Québec à l'âme française méritait d'être chantée.
C'est pourquoi, idéalisant une pauvre paysanne, il
enferma en elle les vertus essentielles de sa race, et
dans un récit simple et candide, il l'éleva superbe-
ment à la hauteur d'un symbole. Mieux que les
ouvrages d'histoire, mieux que les ouvrages d'érudition, une simple narration allait révéler au monde
la longue résistance pathétiquement héroïque des
Français du Canada.

LES SOURCES DU RÉCIT

Après un séjour de huit années en Angleterre, dans la première quinzaine d'octobre de l'année 1911, Louis Hémon s'embarque à Liverpool à destination de Québec. Il avait alors trente et un ans.

Ce départ n'est pas un coup de tête. Deux lettres écrites à sa famille[1], montrent qu'il réalisait un plan conçu d'avance. D'autre part le conte intitulé « Jérôme », paru dans le journal *Le Vélo*, et reproduit fort heureusement dans la préface de « Battling Malone » montre que dès 1904 le Canada l'attirait. Quelles influences lui rendirent ce pays sympathique? Personne n'a pu le dire.

1. Voir p. 281.

Le voyage d'une semaine entre la vieille Europe
et la terre promise d'Amérique, sur une mer, écrit-
il, « à peu près aussi redoutable que la Seine aux
Ponts des Arts », lui « fait autant de bien qu'un
mois de vacances ». Au milieu de Canadiens qui
rentrent chez eux, d'Anglais qui voyagent pour
leurs affaires et de quelques autres qui, comme lui,
partent à l'aventure, il est sans inquiétude. Non
pas qu'il soit lourdement lesté d'argent, mais il
sait qu'il va voir du nouveau; et ce nouveau, quel
qu'il soit, sera pour lui le bienvenu. S'il lui faut
être un de ces ouvriers agricoles qui seuls, disent
les prospectus répandus à profusion par les soins
de l'immigration et de la propagande canadiennes,
ont quelques chances de succès, il en sera. Soli-
dement armé physiquement et moralement, il lut-
tera s'il faut lutter; mais ce qu'il ne veut pas
surtout, et c'est pourquoi il émigre, c'est vivre
la vie platement monotone, sans intérêt et sans
but, des petites gens et des fonctionnaires, qui
dans les vieilles villes de la vieille Europe
attendent le dos courbé, passivement, sans enthousiasme, sans grandes joies, et avec, dans le cœur
beaucoup de petites haines, l'heure de terminer
leur inutile vie[1].

1. Cette peur de devenir semblable aux bourgeois dif-
formes et médiocres qu'il connaît, il l'a depuis longtemps
traduite dans « Jérome ». Nulle part sa psychologie ne

Déjà sur le bateau qui remonte lentement l'estuaire du Saint-Laurent, il est saisi par la grandeur et par l'âpreté du paysage dont les contours lointains limitent son horizon. Après avoir vu s'égrener lentement devant ses yeux le chapelet des villages de la rive sud et remarqué l'aspect rude et sauvage de la rive nord où il s'étonne de voir des maisons, il comprend déjà la grandeur pathétique de ces hommes dont il ignore encore la race, qui, séparés les uns des autres par de vastes solitudes, vivent là, aux prises avec une nature hostile et en butte aux rigueurs d'un hiver qu'on lui dit sans clémence.

En débarquant, Louis Hémon savait sans doute peu de choses du Canada français. Ce qu'il a entendu dire sur le bateau entre Liverpool et Québec, c'est que Québec est seulement la porte française et archaïque d'une immense colonie anglaise jeune, c'est vrai, mais déjà puissante et pleine d'avenir. Ce que les Anglais et les Canadiens anglais répètent sans cesse, c'est que « le Canada français et la race qui l'habite ne sont que

----

transparaît aussi clairement que dans cette nouvelle, où un chien sauvage fait éclore les instincts vagabonds du jeune secrétaire de Monsieur le Préfet. Combien se mêlent de troublante façon Louis Hémon, Jean Grébault, le tout jeune fonctionnaire, et le grand chien au poil dru souillé de boue !

des entités de second plan dont le rôle est fini, falotes, vieillottes, confites dans le passé ».

Mais à peine débarqué, solitaire errant dans ces rues de Québec où les maisons, peut-être trop sympathiquement rapprochées les unes des autres au hasard des rencontres, semblent jusqu'à présent s'être refusées à comprendre la nécessité et la beauté urbaine du damier et du cubisme, Louis Hémon s'émeut aux signes de la survivance française. Contrairement à ce que font les Québecquois, toujours inquiets et soucieux de noter les symptômes de leur dénaturalisation, Louis Hémon note ce qui est resté français. Dans un pays modifié par le long travail des siècles et par l'effort de plusieurs civilisations, il juge comme jugerait le géologue au confluent de trois rivières; et, parmi les alluvions d'apport anglais et américain, il cherche à découvrir ceux-là qui vinrent de la vallée française. Que ce soit au milieu de ces « piers » et de ces « docks » où décantent partiellement les alluvions humaines, qui périodiquement s'en vont colmater les plaines de l'ouest lointain, ou au cœur de la ville même, occupée à vivre paisiblement sa vie propre, il découvre en même temps que des noms français, des visages français où se réflètent des âmes restées françaises. Et il lui vient au cœur, non seulement une ardente admiration, mais un sentiment de profonde reconnaissance pour ces hommes qui, abandonnés par leur patrie, subirent là, inébranlables, la morsure des longs hivers, la pression du vainqueur, les séductions incessantes d'un riche voisin; et puis, et toujours, le flot trouble et sans cesse grandissant, et grondant des immigrants venus des fonds et des bas-fonds d'Europe. Ah! ceux-là restent aujourd'hui la grande menace; celle qui, lente et continue, risque de fatiguer les âmes et de briser la résistance. Comment se fermer aux infiltrations de ces foules sans idéal et sans lien moral ? Comment s'opposer à l'arrivée incessante de ces étrangers déracinés, sans traditions, qu'il lui plaît d'appeler des barbares ? Quelles barrières faudrait-il dresser pour arrêter ces troupeaux sans lois, ces individus sans foi, incapables à tout et capables de tout, qui, tous avides d'argent, se heurtent et se bousculent aux abords de la brèche trop étroite à leur gré, où, inébranlable, continue à monter la garde le découvreur, le pionnier, le premier occupant, celui qui vint de France il y a trois siècles pour servir Dieu et son Roy ?

Apportés par le flot et jetés ahuris au pied de la falaise, combien les étrangers se soucient peu de Québec ! Et puis Québec, si gracieusement allongée sur sa colline, ceinturée de fossés, de précipices, de murailles, et casquée par sa citadelle, ne leur fait-elle pas l'effet d'un sphynx ?

Que peuvent-ils comprendre, ces ignorants, à ce reliquaire protégé par les génies du fleuve, paré de clochers, de clochetons, de tours et de pinacles qui, tout en gardant pieusement un long passé de misères, de deuils et de gloires, étale sans forfanterie, avec les grâces d'une dame de vieille noblesse, par delà les murs qui la défendirent, les fastes et les richesses conquises dans le travail de la paix ? Comment pourraient-ils, dans le tintamarre du train qui les emporte vers l'ouest lointain, entendre le chant d'épopée qui monte de ces campagnes adoucies et humanisées par le labeur des siècles? Enfin, que peuvent-ils comprendre au cantique qui s'élève de ces villages dominés par l'église, l'église dont la flèche est une oraison et les fondations un credo, l'église où les vivants entonnent l'interminable litanie des morts, l'église surgie au bord du cimetière, comme deux mains jointes pour la prière ?

Non, pour eux, Québec est une belle incomprise. Le pays de Québec est une énigme. C'est une enclave étrangère, disent-ils. Et nous verrons comment Louis Hémon, qui n'est ni l'étranger ni le barbare, tant son âme communie avec celle de la ville et des champs, parle dans son journal[1] de cette enclave qui, parmi les joyaux de la cou-

1. Journal de Louis Hémon. Voir p. 223 et suivantes.

ronne britannique, prend à ses yeux la valeur d'un merveilleux fleuron.

Nous savons relativement peu de choses du séjour de Louis Hémon au Canada. Les lettres écrites à sa famille sont courtes : quelques rapides nouvelles de la santé, parfois quelques lignes sur le pays où il vit et sur les gens qu'il fréquente, rarement quelques notes pittoresques, d'ailleurs toujours très courtes; et c'est tout.

Louis Hémon reste peu de temps à Québec, et, le 28 octobre, il écrit de Montréal à sa famille que le pays lui plaît. Dans cette atmosphère sympathique où il s'est senti si à son aise dès les premiers jours, il devient vite canadien et assimile avec une sympathie étonnante les expressions du terroir. Déjà il prend "les chars" et parle tout naturellement de "la chambre de bain et de la chambre à dîner toutes deux sur le même plancher".

Cependant il reproche à Montréal de ressembler trop aux villes d'Europe; la bruyante cité et ses activités ne l'intéressent pas; et, malgré la luminosité de l'atmosphère et la pureté de son ciel d'Italie qui certains jours l'enchantent, il part en décembre pour le lac Saint-Jean, se rend à Péribonka-sur-Péribonka, puis à Saint-Gédéon d'où ironiquement, alors qu'il n'est plus qu'une petite tache sombre dans un monde disparu sous la glace et la neige, il envoie à ses parents restés dans l'humidité collante de Paris, quelques recommandations pour ne pas attraper le rhume.

A quelles occupations se livra-t-il pendant ce premier séjour dans la région ? Fut-il employé dans une compagnie de pulpe de Chicoutimi ou s'engagea-t-il dans un chantier de coupe de bois et coucha-t-il pendant le rude hiver sous la tente ? Nous avons sur lui peu de renseignements. Vers la mi-février, il est à Kenogami, installé, écrit-il, "dans le confortable et le luxe". Dans cet hôtel habité "d'Anglais et de Yanks", il déclare qu'il n'est plus au Canada français que géographiquement; et, pendant qu'il se gave de dindons, de poulets rôtis et d'oranges, il regrette Péribonka et la tente sous laquelle il dut vivre pendant les mois de neige.

En mai, il descend à Montréal où il passe le printemps, puis il remonte au lac Saint-Jean.

C'est un matin de juin de l'année 1912, sur le petit bateau qui, pendant l'été, assure à travers le lac les communications entre Roberval et la rivière Péribonka, que Louis Hémon rencontre Samuel Bédard.

Pour beaucoup, Samuel Bédard et Samuel Chapdelaine ne font qu'un. Il y a cependant entre l'homme réel et le défricheur de Louis Hémon des dissemblances telles, que malgré toute la bonne volonté que l'on peut mettre en l'occurrence, il est bien difficile de les fondre l'un dans l'autre.

D'abord, il n'y a dans le récit aucune description physique du personnage. Etait-il grand ou petit, gras ou maigre, chauve ou chevelu, ses yeux étaient-ils bleus ou noirs ? On ne sait pas. Si l'on veut appliquer à Samuel Bédard l'image du colon défricheur née peu à peu dans le cerveau en lisant la description de Louis Hémon, il faut avouer que l'on est bien dérouté quand on le voit pour la première fois. Au physique, Bédard n'a rien du rude colon. Grand, maigre et nerveux, il laisse voir, quand il ôte son feutre mou, un crâne chauve. Cette absence de cheveux n'est pas due à une calvitie précoce, mais à un accident. Bédard raconte qu'un jour, en déchargeant un baril de gazoline, l'imprudence d'un fumeur provoqua une formidable explosion suivie d'un incendie qui, entre autres choses, mit le feu à sa toison. Cet accident, où il faillit perdre la vie, n'a pas eu cependant d'autre conséquence que d'amener la destruction d'un cuir chevelu qui, la régénération achevée, n'a donné qu'une peau sans cheveux.

Allons-nous reconnaître Chapdelaine dans l'histoire de Bédard ? C'est peu probable. Bédard a aujourd'hui entre quarante-cinq et cinquante ans. Né à Saint-Bazile, à trente milles à l'ouest de la ville de Québec, dans un district prospère où la colonisation est depuis longtemps chose finie, il commence son cours classique au milieu des jeunes gens de la bonne société, chez les Jésuites de Montréal, au collège Sainte-Marie. Il se destinait vraisemblablement à la prêtrise, mais ce fut le manque d'argent sans doute qui l'empêcha de réaliser son idéal. Les études assez avancées qu'il fit au collège empêchent déjà de le confondre avec Samuel Chapdelaine, à peu près illettré. Ses études arrêtées, Bédard, homme de ressources et d'imagination, s'attarde au collège, non plus pour étudier, mais comme portier, pour commercer avec les élèves en vendant des friandises et de menus objets.

Un de ses frères, nommé missionnaire sur la côte du Labrador, l'entraîne dans ce pays rigoureux. Là, pendant trois ans, tandis qu'il profitait de ses loisirs pour apprendre l'anglais, secondant l'œuvre du prêtre, il enseigne le catéchisme aux petits Esquimaux. Quand son frère fut nommé curé de Mistassini, Bédard abandonna la culture de l'intelligence des jeunes Esquimaux, pour venir au lac Saint-Jean où, peu de temps après, il commença à se livrer à la culture du sol.

Vers l'année 1908, il se décide pour la première fois à prendre une concession. Établi à trois milles au nord de Péribonka, non loin de la rivière, il brûle, taille, coupe, en un mot "claire" la forêt, sans grand enthousiasme d'ailleurs. Ce furent des jours durs, d'autant plus qu'il n'était pas de ceux qui prennent leurs joies à de rudes travaux. Il gardait ses mains blanches et douces, laissant à l'homme engagé les pénibles travaux de la terre. La cervelle hantée de grands projets et de rêves magnifiques, il s'agitait, fréquentant plutôt les marchés que les bois, allait et venait, tentant par tous les moyens de convertir en argent ses superbes idées.

Sa vie de colon ne fut pas de longue durée. Aujourd'hui qu'il a sous-loué sa ferme à un de ses parents, il est descendu s'installer marchand général au village de Péribonka-sur-Péribonka, devenu à cause du développement des paroisses voisines, Saint-Édouard de Péribonka. C'est là, qu'il est venu tenter sa chance de brasseur d'affaires, qu'on peut aller lui rendre visite. Installé dans sa boutique, il reçoit clients et voyageurs d'une manière fort courtoise. Elle serait bien pittoresque et bien intéressante cette boutique, pour qui voudrait écrire un roman sur la colonisation. Il y a là des légumes en sac, des chaussures, des chemises, de la quincaillerie, des outils, des brosses, des chapeaux de femmes, du tabac en lanières, des cigares, des cigarettes; bref, tout ce qui peut être utile à tous et agréable à chacun, dans un pays où pratiquement l'on peut se passer de tout et où cependant tout est nécessaire. Louis Hémon, qui devait en

avoir vu de semblables, n'a pas signalé son existence ni esquissé une description, tant ce magasin
si nécessaire au colon, lui paraissait accessoire
ou même inutile au sujet qu'il traitait.

Enfin, à l'industrie du magasin général qui ne
l'absorbe pas trop, peut-être pas assez, Bédard a
ajouté une industrie hôtelière. Dans la même
maison de bois, il loue des chambres fort conve-
nables et donne à manger une cuisine excellente.
Comment ne le serait-elle pas, quand on sait que
le "chef" n'est autre que la bonne et plantureuse
Mme Bédard, aussi gaie qu'habile cuisinière, dont
Louis Hémon a vanté dans maintes circonstances
les talents de cordon bleu.

Le jour où Louis Hémon et Samuel Bédard se
rencontrèrent, ils venaient tous deux de Roberval.

Pour la population du lac Saint-Jean, la petite
ville de Roberval a la valeur d'une métropole. Ses
résidences coquettes qui bordent les extrémités de
la rue principale, son bureau de poste en granit
rose, son palais de justice et le grand couvent des
Ursulines, en ont fait depuis longtemps une
paroisse importante, cossue, qui, par une bizar-
rerie singulière, possède une église bien modeste,
surtout si on la compare à celles dont s'enorgueillissent certaines paroisses voisines, cependant
moins riches, comme Saint-Félicien. Elle était, il y
a quelques années encore, le point terminus des

"chars" qui en une journée amènent, à travers les Laurentides, les gens de Québec. Aujourd'hui elle est encore le port d'attache des bateaux qui sillonnent le lac Saint-Jean et reste le centre de ravitaillement des paroisses et des fermes de toute la région.

Or, ce matin-là, il y avait sur le pont du bateau un certain nombre d'hommes, habitant les cabanes nouvellement construites au bord de la rivière Péribonka; puis, plus loin en avant de la tourelle, quelques bêtes achetées à Roberval, cochons et veaux, une charrue, des barils et des caisses pour le magasin général de Péribonka. Tous ces hommes à l'aspect rude se connaissaient et parlaient entre eux de leurs affaires. Louis Hémon se tenait à l'écart et hésitait à se mêler au groupe, quand Samuel Bédard vint flâner autour de lui. Après un échange de "Bonjour M'sieur" destiné à couper la glace, Bédard commence à parler de la pluie et du beau temps; puis, peu à peu, de la naissance de la nouvelle paroisse de Péribonka et de sa prospérité à venir. Toujours à l'affût d'une affaire, se méprenant sur l'apparence un peu frêle de l'étranger, il croit comprendre que le jeune homme veut acheter une terre et aussitôt il lui offre la sienne.

Au cours de la conversation, Bédard s'est déjà révélé un homme différent de ceux qui l'entourent.

Il parle abondamment et paraît instruit, de sorte que Louis Hémon s'intéresse à Bédard autant que Bédard s'intéresse à Hémon. Quand, hardiment, Bédard propose à Hémon de lui vendre sa terre, celui-ci répond qu'il n'a ni le dessein, ni les moyens de rien acheter, mais que par contre il a besoin de travailler; et, puisque, dit-il, vraisemblablement, je suis à la recherche d'un emploi, je vous propose mes services. Louis Hémon, qui n'avait d'ailleurs aucune exigence, fixa lui-même le montant de ses gages à huit piastres par mois. Quel que puisse être le rendement du nouvel engagé, Bédard faisait une affaire. Huit dollars par mois, en ces temps où les ouvriers agricoles en gagnaient trente et quelquefois quarante, c'était pour rien. La seule restriction que Hémon fit à son contrat, c'était d'avoir, en plus du repos dominical, congé le samedi après-midi. Huit dollars par mois! ce n'était certes pas la fortune; mais dans un pays comme celui-là, auprès d'un homme comme Bédard, Louis Hémon avait l'intuition qu'il pouvait y avoir matière à moissonner d'abondantes observations et à glaner de riches trouvailles. C'est ainsi que Louis Hémon devint l'employé de Samuel Bédard.

En ce temps-là, Samuel Bédard habitait une ferme située au bord de la route d'Honfleur, à trois milles environ au nord de Péribonka et à un jet de pierre de la rivière. Aujourd'hui, tout le vaste terrain qui entoure les bâtiments de la ferme abandonnée, est complètement défriché, mais il y a quinze ans, plus ou moins proche, la forêt s'étendait de tous côtés.

Quand, de retour chez lui, Bédard annonça joyeusement qu'en revenant de son voyage il avait engagé un homme, tout le monde se méfia. Mais lorsque Bédard, voulant marquer l'excellence de l'affaire, fit connaître le montant des gages fixés, Mme Bédard se méfia tout à fait, et, du coup, entreprit de mettre en lieu sûr les économies du ménage. Evidemment l'homme engagé ne pouvait être qu'un de ces gueux vagabonds, propres à tout et bons à rien, toujours paresseux et souvent chapardeurs.

Dès qu'il parut, Louis. Hémon modifia cette appréhension, encore que son maigre bagage composé d'une couverture, de quelques mouchoirs et d'une brosse à dents, ne fût pas de nature à inspirer confiance.

Après les présentations d'usage, Bédard crut devoir s'excuser de l'étroitesse du logis ; mais le nouvel hôte, qui n'était pas venu là avec l'espoir d'y trouver le confort d'un palace et qui, d'autre part, était on ne peut plus entraîné à la dure, répondit que cela n'avait aucune importance et qu'il serait parfaitement bien si seulement on voulait être bon pour lui.

C'est vrai qu'elle était bien petite la maison d'habitation des Bédard ! Maintenant que Bédard est descendu s'établir marchand au village, les bâtiments en bois de la ferme, noircis par le temps, ont l'air d'une pauvre bicoque oubliée là sur le bord de la route. Flanquée d'un hangar de planches, qui fut autrefois l'abri du cheval, de la vache, des poules et des instruments aratoires, la maison est une simple cabane à un étage. En réalité l'étage se réduit à un simple grenier où on accède par un escalier raide. En arrière, un petit appentis, qui jouait le rôle important de cuisine, contenait un gros poêle à trois ponts, dont le tuyau de tôle décrivait plusieurs courbes propres à étaler la précieuse chaleur.

L'unique pièce, donnant sur la route, était divisée, par un rideau aujourd'hui disparu, en deux chambres. Dans l'une couchaient les Bédard, dans l'autre, Hémon. "Ces deux compartiments de la salle unique, chacun enclos de trois côtés, ressemblaient à un décor de théâtre, un de ces décors conventionnels dont on veut bien croire qu'ils représentent deux appartements distincts, encore que les regards des spectateurs les pénètrent tous les deux à la fois"[32]. Par les grands froids, Hémon plaçait son lit sous l'escalier, tout contre la fenêtre. A côté de son lit se trouvaient ceux des enfants. Le travail terminé, Louis Hémon se couchait et restait souvent étendu sur le dos, les deux bras sous la tête. Quelquefois, il s'asseyait au bord du lit pour manger. C'était si petit que Mme Bédard pouvait se tenir près du poêle et atteindre en même temps tous les coins de la maison. C'était fort commode déclare encore aujourd'hui avec une certaine pointe de regret, Samuel Bédard.

Les époux Bédard n'avaient pas d'enfants. Bien qu'ils ne fussent pas riches, leur amour des marmots et leur bon cœur les décidèrent à prendre à leur charge et à élever deux orphelins. Ce sont ces enfants, Roland et Thomas Louis Marcoux, qui ont fourni à Louis Hémon quelques traits des silhouettes de Télesphore et d'Alma-Rose. Dès son arrivée, Louis Hémon fut à son aise avec Samuel Bédard, vécut en bonne intelligence avec madame et prit en affection les deux bambins.

C'était un jeune homme doux qui s'attira bientôt la sympathie de tous. Il parlait peu et presque toujours c'était pour interroger. Le samedi après-midi, il s'en allait au long des berges dominant la rivière, parmi les aulnes, les bouleaux et les hêtres, s'asseoir et rêver. Quelquefois, errant un peu au hasard, sans but très précis, il se rendait jusqu'aux chutes d'Honfleur.

Ce nouveau milieu où il lui est donné de vivre lui est très sympathique. La nature a je ne sais quoi de grandiose qui l'impressionne, le milieu et

les gens quelque chose de pittoresque qui l'amuse.
« Le lac Saint-Jean, écrit-il, a quatre-vingts kilomètres de tour » et il note que la rivière Péribonka,
qu'il a sous les yeux toute la journée « est bien une
fois et demie large comme la Seine », ce en quoi il
est au-dessous de la vérité. « C'est une campagne peu
ratissée, écrit-il, et qui ne ressemble pas du tout à
un décor d'opéra-comique : les champs ont une
manière à eux de se terminer brusquement dans le
bois et, une fois dans le bois, on peut s'en aller
jusqu'à la baie d'Hudson sans être incommodé par
les voisins, ni faire de mauvaises rencontres, à part
les ours et les Indiens, qui sont également inoffen-
sifs. »

Il se félicite que le bateau vienne pendant la
belle saison jusqu'à Péribonka deux fois par
semaine, rattachant ainsi la population des défricheurs aux vieilles paroisses prospères. Il envisage
avec une certaine ironie l'éventualité d'une grève
dans le personnel de ce transport qui, pour aller
au chemin de fer de Roberval, le forcerait à parcourir la longue et zigzagante route du tour du lac,
c'est-à-dire cent kilomètres.

Avec les Bédard qui le traitent avec beaucoup de
considération, il travaille au défrichement et à la
culture. Il coule là d'heureux jours, dont quelques-
uns commencent, l'été, au lever du soleil. Il est
visiblement content d'écrire à sa famille que c'est

la patronne qui lui coupe les cheveux. La chasse au canard sauvage avec le fusil du patron, pas très habile tireur, l'intéresse, comme l'amuse la cueillette des luces ou bleuets qu'on ramasse à pleins seaux. Il aide la bonne Mme Bédard à confectionner des tartes et des confitures ; il l'aide encore plus à manger l'excellente cuisine qu'elle prépare : soupe aux pois, crêpes au lard, foie de cochon, boudin, fromage de tête et "autres compositions succulentes" dont il refuse la description à sa famille pour ne pas "donner envie".

Sur la terre voisine habitait Bouchard, le père de Mme Bédard. Celui-là réalisait admirablement, comme bien d'autres dans la région, le type du colon migrateur tel qu'il fut décrit par Hémon, si tant est qu'il soit possible d'accoupler ensemble ces deux mots : colon et migrateur. Toute sa vie il a fait de la terre. Au cœur du bois, dont il claira bien des arpents, il fut à l'origine de plusieurs paroisses aujourd'hui prospères et plusieurs fois, après avoir bâti maisons et granges, alors que le succès allait récompenser sa peine, il a "mouvé" pour aller plus loin recommencer un commencement. Aujourd'hui qu'il n'est plus qu'un vieillard silencieux, courbé par l'âge, à la démarche lente, au regard lointain derrière ses lunettes, il resonge au passé, au passé révolu où il vivait seul ou presque, en lutte contre la forêt.

Dans les bâtiments d'une ferme à peu près semblable à celle de son gendre, il vivait avec une autre
de ses filles, Eva Bouchard. Pour les gens du lac
Saint-Jean, Eva Bouchard a sans aucun doute servi
de modèle à Maria Chapdelaine. C'est d'ailleurs
par ce nouveau nom que maintenant on la désigne ;
et c'est de ce surnom qu'elle-même signe quelquefois sa correspondance. Cependant il suffit de connaître un peu ce que fut la vie d'Eva Bouchard
pour saisir toute la dissemblance qu'il y a entre elle
et Maria Chapdelaine. Il faut savoir aussi quelle
âme était la sienne pour comprendre son influence
probable sur Louis Hémon et sur son œuvre.

Eva Bouchard avait vingt-trois ans environ quand
Louis Hémon arriva à Péribonka. Au point de vue
physique il n'y a dans le roman, aucune description,
sauf au premier chapitre "une belle grande fille"
et plus loin "sa poitrine forte, son beau visage
honnête"[92] "ses beaux cheveux drus, son cou brun
de paysanne"[47] ; et c'est à peu près tout. C'est bien
peu pour l'identifier.

Sa vie fut très différente de celle de Maria
Chapdelaine. Ce n'était point une fille quelconque
des bois, ni une fille des rangs. Elle avait passé
cinq ans au couvent des Ursulines de Roberval et
fut institutrice pendant plusieurs années.

Louis Hémon et Eva Bouchard se lièrent de
bonne heure. Indépendamment du plaisir que

peuvent avoir des jeunesses à converser entre elles, on comprend tout l'intérêt qu'il y avait, pour une jeune fille instruite et affinée par l'éducation d'un couvent, à écouter le Parisien, modifié par sept années de vie anglaise. Mais on comprend aussi tout l'attrait que cette jeune fille pouvait exercer dans ce pays lointain sur un jeune écrivain en quête d'observations.

Au cours des promenades d'été ou des longues veillées d'hiver, mêlés aux autres ou dans l'isolement du tête à tête, Louis Hémon et Eva Bouchard s'entretinrent longuement. D'elle il apprit des histoires et des contes qui, plus ou moins modifiés, passèrent dans le roman. Toutefois c'est surtout par le côté religieux et quelque peu mystique de sa compagne que Louis Hémon fut profondément influencé. Nul ne pouvait mieux l'aider à pénétrer l'âme canadienne-française que cette jeune fille instruite, affinée par l'éducation et spiritualisée par la religion, que maintes fois il dut surprendre dans l'attitude de la prière. Au contact des hommes des chantiers, ses compagnons de travail, rien des délicatesses de cette âme ne lui eût été révélé. Ces hommes rudes, appliqués à de rudes besognes, si semblables à tous ceux que l'on trouve sur toute la surface de la terre, sacrant à tout propos, buvant à l'occasion, que seule la religion réussit à dématérialiser, ne pouvaient guère l'entretenir que de

choses triviales ou grossières. Auprès de la douce
Eva Bouchard, au contraire, la vieille âme française, rurale, religieuse et familiale, lui apparut
clairement. Ensemble, en racontant non pas des histoires, mais l'histoire, en lisant les faits du passé,
ils comprirent la puissance de cette force spirituelle
qui fut souvent l'arme des grandes conquêtes,
l'armature des vastes empires. Ils analysèrent tous
les mérites de cette âme qui, au pays de Québec,
loin des villes bruyantes, retranchée dans une
retraite sûre, protégée par la distance et la neige,
s'est enracinée au sol à la place de la forêt et s'est
conservée intacte de génération en génération. Ce
sentiment de religiosité qui imprègne toute son
œuvre, cette extrême pudeur qui couvre d'expressions ravissantes des sentiments qu'une intention
douteuse pourrait seulement effleurer, tout cela
il le doit à cette jeune fille saine, mystique et sage,
auprès de laquelle il lui fut donné de vivre plusieurs mois.

Bouchard avait avec lui un homme engagé du
nom de Joseph Murray. C'était un de ces Ecossais
descendants des soldats de Wolf qui, venus des
bords du Saint-Laurent et fixés dans la région du lac
Saint-Jean, au milieu d'une population exclusivement canadienne-française, ont complètement oublié
la langue de leurs ancêtres. « Les yeux d'un bleu
étonnamment clair — chose rare au pays de

Québec » — "il était en vérité tout entier couleur de terre"[58]. Murray, dont on prononce le nom comme s'il s'écrivait Muré, était, comme Légaré, un travailleur acharné, dépensant à la tâche toute sa force humaine; il "s'attelait chaque jour de quatre heures du matin à neuf heures du soir à toute besogne à faire et y apportait une sorte d'ardeur farouche qui ne s'épuisait jamais" non sans lancer des "blasphèmes" à tout propos.

Le plus proche voisin après Bouchard était Ernest Murray qui travaillait sur sa terre avec ses deux fils, Esdras et Ernest, connus tous deux dans la paroisse sous le nom de Ti-Bé et de Da-Bé. Quelquefois ils venaient passer la veillée chez les Bédard ; c'est ainsi que Hémon fut amené à les incorporer à la famille Chapdelaine et à les présenter comme les fils aînés.

La veillée, où voisins, parents et amis se réunissent, prend au pays de Québec une valeur inestimable. Dans l'atmosphère chaude de la salle commune, tandis que le froid mord l'écorce des arbres, tout en laissant couler le temps réparateur des forces, on fume, on joue et on jase. C'est au cours de ces veillées que Louis Hémon vit défiler bien des gens du pays qu'il n'aurait pas eu l'occasion de rencontrer autre part; et c'est également au cours de ces veillées qu'il entendit raconter le plus d'histoires.

C'est là que Louis Hémon eut presque tous les soirs l'occasion de voir chez les Bédard un jeune colon, Eutrope Gaudrault, établi à Honfleur, dont la situation et le caractère pourraient bien avoir fourni les éléments essentiels du personnage important d'Eutrope Gagnon. Là aussi il rencontra Édouard Bédard, fils de Hyacinthe Bédard de Péribonka. Celui-là représente le type du Canadien français établi aux "States". Il reparut quelquefois pour régler plusieurs affaires; et une fois entre autres pour vendre une terre à Honfleur. En aucun de ces retours des Etats, il ne manquait de rendre visite à Eva Bouchard. Vraisemblablement, c'est à lui que Hémon a emprunté les caractères d'un autre personnage important, Lorenzo Surprenant.

Un soir, Hémon eut l'occasion de rencontrer trois Français qui avaient acheté la terre de Surprenant l'émigré. Leur histoire, dont Hémon n'a pas connu le tragique épilogue, est des plus lamentables. Las de la ville, séduits par les phrases sonores qu'un conférencier prêchant sans risque le roman de l'énergie et de la colonisation peut débiter devant des foules imaginatives et sédentaires, ils avaient quitté la France pour venir au pays de Québec, jouir de la vie saine et de l'air pur des champs. L'accordeur de piano Joseph Vernier, acompagné de ses fils, l'un employé de bureau et l'autre employé de magasin, vint un jour au lac Saint-Jean. Il acheta un lot de bois debout. Mais à eux trois, sans expérience de la terre, dans un pays dur, ils n'arrivèrent malgré leur courage à abattre ni le bois ni... les difficultés de toute sorte. Ils faillirent mourir de faim. Après avoir quêté l'argent nécessaire pour retourner en France, ils s'embarquèrent un matin à Québec à bord de l' "Empress of Ireland". Hélas! ils ne devaient plus revoir la douce France ! Le bateau fit naufrage et tous trois périrent avec lui.

C'est tout un petit monde qui gravite autour de Louis Hémon, l'étranger. Rien ne pouvait mieux le renseigner sur ces populations laborieuses et simples que ce contact incessant avec tous. Il apprend là les histoires de famille et les histoires du pays. Plusieurs fois les Bédard et les Bouchard lui ont raconté la mort dramatique de la mère de Laura et d'Éva, qui lui fournit le thème de la mort de la mère Chapdelaine, comme il entendit maintes fois narrer les prouesses et les miracles de Tit Zèbe, le rebouteur de Saint-Félicien.

M. et Mme Bédard ne tarissent pas d'éloges sur leur ancien employé pensionnaire; et c'est avec sympathie, beaucoup de bonne humeur et d'entrain qu'ils en parlent encore. M. Léon-Mercier Gouin, qui fut, après la publication de Maria Chapdelaine, un des premiers à faire le pèlerinage de Péribonka, a noté ses conversations avec le ménage Bédard d'une façon si pittoresque qu'il nous faut lui laisser la parole, d'autant plus que les anciens patrons de Louis Hémon restent, après des années, fidèles à leurs premiers récits et narrent encore aujourd'hui, à ceux qui leur font le plaisir d'aller leur demander le gîte et le couvert, les anecdotes savoureuses que M. Gouin publiait déjà en octobre 1918, dans le *Petit-Canadien.*

« M. Hémon m'a déclaré, dit Samuel Bédard, qu'il venait étudier pour faire un livre sur les gens de par ici. Je vous assure que c'était un bon garçon dépareillé. Il écrivait quasiment sans arrêter. C'était tantôt pour le journal le *Temps* de Paris et tantôt pour des papiers anglais de Montréal. Comme journalier, il n'y a pas à dire, il ne forçait pas pour le gros ouvrage. Pour ça, il ne valait pas cher, comme qui dirait. Mais, pour être de service, je vous assure qu'il l'était pour tout de bon. Il était toujours paré à faire plaisir. Il avait le cœur sur la main ; il donnait tout son argent aux deux petits orphelins que j'élève. De tout le temps qu'il a resté avec nous autres, il ne s'est jamais impatienté. Quand bien même on avait de la misère noire, il était de bonne humeur pareil comme de coutume. Ça été bien de valeur de le perdre. Je trouve ça une vraie pitité, moi qui vous parle, de voir du bon monde comme lui mourir jeune comme ça ! »

« Cet éloge m'a paru infiniment touchant dans la

bouche du père Chapdelaine. Je voudrais vous communiquer l'émotion très douce qui s'en dégageait. — J'interrogeai ensuite la "défunte" Mme Chàpdelaine. — Mme Bédard, en effet, n'est morte que dans le roman. Elle se porte à merveille malgré sa mise en bière prématurée. Je lui dois mes meilleures notes. Notre hôtesse doit presque friser la quarantaine. C'est le type idéal de nos braves mères canadiennes. Aussi forte qu'une Normande, elle déborde d'une exubérante gaieté et d'une bonté toute maternelle. C'est la cordialité même ! Hémon avait mille fois raison de l'appeler "une créature dépareillée". Intelligente, parlant un français qui ferait honneur à plus d'une, Mme Bédard confirme tout d'abord les paroles de "son homme".

« Ah! oui! dit-elle, nous l'aimions bien, ce pauvre M. Hémon. Vous ne pouvez vous figurer combien il était bon pour nos petits enfants adoptés. Le petit dernier, "Tit'homme", était alors encore en petite robe. M. Hémon passait tout son temps à le faire étriver. A tout bout de champ, il lui disait : "Voyons, Tit'homme, voyons! Tu sais bien que tu n'es qu'une petite fille." Bébé se fâchait tout rouge. C'est effrayant comme ça le choquait. (Dans son livre, M. Hémon l'appelle "Marie-Rose"!) Ça ne les empêchait pas d'être bien amis tous les deux. Tous les dimanches, en revenant de la grand'messe, M. Hémon lui faisait le même tour. En débarquant de la "planche", il criait à Tit'homme : "Dis donc, la petite! veux-tu du sucre?" — "Bien sûr!" répondait le petit. Ils allaient alors ensemble à la brimbale du puits, M. Hémon prononçait là quelques mots magiques dans une langue que je ne connais pas. Ça rimait sur "Taquini-Taquino". "Le chocolat sortira!" M. Hémon disait à Tit' homme : "Tire sur la corde!"... et le chocolat sortait de la manche de M. Hémon. Je n'ai pas besoin de vous dire que ça faisait le bonheur de Tit'homme. — Tout le reste de la semaine, le petit passait son temps à tirer sur la corde du puits. Mais vous comprenez bien que le chocolat ne venait pas tout seul. »

« Télesphore, c'est notre Roland. Quand M. Hémon dit que c'est Télesphore qui boucanait les maringouins, il s'ôte son mérite. C'était toujours lui, M. Hémon, qui s'en chargeait. Il y avait des temps où il devenait tout sérieux. C'était quand il était malade de sa gorge. Mais même dans ces secousses-là, il souriait pareil. Il ne s'est jamais fâché devant nous autres. Il ne s'est jamais énervé pour rien. »

« Un dimanche », continue Mme Chapdelaine, « j'étais toute seule à la maison avec M. Hémon. Il composait sur la table de la cuisine. Voilà-t-il pas que je me mets la tête à la porte et j'aperçois les animaux en train de sauter dans le grain. "Monsieur Hémon", que je lui dis, "les animaux vont sauter dans le grain. Ils vont tout abîmer. Est-ce que vous ne pourriez pas les envoyer?" — Et lui de me répondre sans s'exciter : « Madame, laissez-les faire; moi, j'écris! » Ça y était ; ils étaient dedans. Je le fais assavoir à M. Hémon et il me répond toujours bien tranquille : « Oh! madame, si ce n'était pas cela, ce serait autre chose. »

Cette douce philosophie, ce fatalisme bonhomme et résigné, fait la joie de cette brave Mme Bédard.

« Un jour, dit-elle, nous arrachions les souches sur notre terre d'Honfleur. On suait à mourir. M. Hémon, accoté sur un tronc d'arbre, nous regardait faire sans grouiller. Il avait les deux pouces enfoncés dans les ouvertures de sa veste. Il était bien à son aise, je vous en donne ma parole! Je m'approche de lui. Comme il ne travaillait pas depuis une bonne secousse, je lui demande en riant : "Monsieur Hémon, est-ce que ça serait-il fête légale aujourd'hui?" "C'est bien mieux que cela!" qu'il me répond. "Est-ce que ça serait-il votre fête?" que je lui redemande. "Mais oui, madame", qu'il me dit, "et comme personne ne me fête, eh! bien, alors, moi je me fête!" Je vous assure que ce n'était pas un tempérament nerveux. C'était le meilleur homme de la terre. Il n'était pas fier du tout. Il faisait sa religion comme tous nous autres. Ah! je vous assure qu'on l'aimait bien. »

" Mme Bédard comme toutes les jeunes filles du Lac Saint-Jean est un "ange" de Roberval, c'est-à-dire une élève des Ursulines. Elle leur doit son langage correct, sa prononciation parfaite et ses très jolies manières. On est tout charmé de trouver aussi loin, au bout du monde civilisé, la courtoisie la plus affable et l'hospitalité la plus cordiale. Comme Mme Bédard, sa sœur Mlle Eva Bouchard ne déparerait pas le plus « chic » de nos salons. Elle aussi porte l'empreinte des Dames Ursulines. Elle en a la distinction bien française, une élégance presque parisienne de pensée et d'allure. L'œuvre de ces saintes éducatrices est au-dessus de tout éloge!"

Le dimanche, Hémon et Bédard descendaient à Péribonka pour assister à la messe. Dans l'église de bois semblable à une longue grange basse percée de fenêtres, "juchée au bord du chemin sur la berge haute au-dessus de la rivière"[5], devant le pauvre petit autel blanc magnifié par la solennité du culte, tandis que Bédard chantait au chœur, Louis Hémon observait et priait. C'est là, parmi ces hommes recueillis et graves, mêlés aux femmes "si typiquement françaises" et aux enfants nombreux et vigoureux qu'il comprit la majesté de cette voix de Québec qui est "à moitié chant de femme et à moitié chant de prêtre".[251]

La messe terminée, quelques habitants rentrent

directement chez eux; beaucoup s'attardent devant l'église. Alors parmi ceux-là commencent les commérages : on parle du temps qu'il fait et du temps qui vient; on s'enquiert réciproquement des nouvelles de la santé; on discute d'affaires sérieuses et on potine. Sur les marches de l'église on annonce les événements de la semaine. Y a-t-il une réunion prévue? A-t-on quelque chose à acheter ou à vendre? Veut-on distribuer de l'ouvrage et recruter de la main-d'œuvre? Tout se crie du haut de cette estrade faite de deux marches au-dessus du trottoir de planches.

Le dimanche qui suivit son arrivée à Péribonka Louis Hémon assista, devant l'église, à la vente de trois petits cochons déjà gras et grognants, dont un vieux bonhomme du village essayait de pousser l'enchère, malgré les quolibets des jeunes gens. La scène lui parut si drôle qu'il en fixa un croquis dans le roman en changeant, comme il le fit souvent, les noms des personnages; c'est ainsi que le vieux Desjardins devint Laliberté.

Avant de repartir, Bédard et Hémon dînaient au village chez des parents, comme il est décrit si pittoresquement dans le premier chapitre. Le repas terminé, ils partaient. Bien rassasié, Samuel Bédard s'assoupissait. Quelquefois, il tentait, en chantant, de résister au sommeil ; mais presque toujours il finissait par s'endormir et c'était, pour la plus grande joie de Louis Hémon, ce grand "malavenant de Charles-Eugène" qui tout à son aise, au pas, sans autre guide que sa connaissance du chemin, ramenait la voiture ou le traîneau à la maison, où les accueillaient d'abord et de loin les jappements de "Chien".

Le dimanche, et seulement ce jour-là, de retour de la messe, il prenait ses papiers logés avec ses vêtements dans une petite armoire fixée dans l'encoignure et il écrivait, il écrivait longuement, déchargeant sa mémoire de tout ce qu'elle avait emmagasiné pendant la semaine. C'est dans cette petite chambre, dont l'unique fenêtre donnait sur la route, que, le plus souvent assis sur son lit, Louis Hémon rédigea les notes qui devaient servir à l'édification de son œuvre.

Vers la mi-septembre il va dans le bois au nord de Péribonka en compagnie d'ingénieurs qui explorent la région en vue de l'établissement problématique d'une ligne de chemin de fer. C'est une des saisons les plus favorables à la prospection. Maringouins et mouches noires n'assaillent plus l'audacieux qui pénètre dans les taillis ; d'autre part, à la ferme, les récoltes sont rentrées. Parti tout d'abord pour remplacer son patron dans l'équipe, il se fait engager ensuite.

Dans cette forêt demi-vierge où, pour faire quatre milles, il faut quatre heures d'acrobaties, il se trouve très bien logé et fort bien nourri. La terre peut bien ressembler à une éponge de mousse mouillée où, quand il pleut, malgré les bottes confortables on enfonce jusqu'au genou, les fonds des cuvettes de tôle peuvent bien, malgré le poêle, montrer trois centimètres de glace tous les matins, il se déclare enchanté d'une vie idéale. Et la neige, la neige apportée par novembre, la neige qui permet la marche feutrée en raquette, le réjouit beaucoup au lieu de l'effrayer.

Au cours d'une randonnée dans les bois de Chiboogamau, au nord du Lac Saint-Jean, Louis Hémon et ses compagnons découvrirent le cadavre d'un homme de la région, disparu depuis longtemps. C'était celui d'un habitant de Saint-Michel de Mistassini nommé François Lemieux qui, de la même paroisse que François Paradis, servait de guide aux acheteurs de fourrures. La fin tragique de cet homme suggéra à Louis Hémon la fin de son héros qui "seul, à raquette, avec ses couvertes et des provisions sur une petite traîne" dans le temps de Noël, s'en allait à travers les grands brûlés ensevelis sous la neige vers l'étoile de son cœur.

Vers la mi-décembre, il écrit aux siens :

« Crois-moi, même les savanes et la vie sous la tente dans la neige conservent mieux que l'existence des pauvres citadins. Pas le plus petit rhumatisme, — pas la plus petite crampe d'estomac, — rien n'est encore venu me dire que j'atteins maintenant l'âge auquel les sous-chefs de bureau songent à se ranger pour sauver les débris de leur constitution. »

« Ne crois nullement que me voilà dans les bois pour le restant de ma vie. D'ici très peu d'années, mais après quelques pérégrinations toutefois, je repasserai rue Vauquelin. Je n'aurai peut-être pas beaucoup l'habitude des salons quand je retournerai, mais cela n'enlèvera rien à notre contentement, au vôtre ni au mien.

« Au pis, ma petite maman, il te faut donc te résigner à recevoir encore deux ou trois lettres du jour de l'an écrites en des recoins obscurs de cette planète. Les termes différeront peut-être, les timbres aussi ; mais j'espère bien que je réussirai à vous faire sentir chaque fois que mon affection pour vous ne diminue en rien, et que toutes les preuves de tendresse, d'indulgence et de générosité que vous m'avez données, ne sont pas oubliées... »

De très bonne heure au printemps de 1913, Louis Hémon quitte Péribonka et va s'installer quelques semaines à Saint-Gédéon, lieu de naissance de Mme Bédard, son hôtesse, et de feu la mère Chapdelaine. C'est dans le calme de ce plaisant village, situé sur la bordure sud du lac Saint-Jean, que vraisemblablement il coordonna ses notes et rédigea son récit. Son œuvre à peu près achevée, il redescend par étapes vers la grande ville de Montréal, où, peu après son arrivée, il s'engage comme traducteur dans une importante maison de commerce de fers et d'aciers.

Il passe avec la plus grande facilité des travaux de la campagne aux travaux de bureau. Très habilement il tire parti de ses connaissances linguistiques. Il traduit non seulement le français et l'anglais, mais encore l'espagnol, l'italien et l'allemand, sans parler de l'annamite appris à Paris qui, on le devine, lui fut en Amérique de peu d'utilité. A ses chefs il a demandé, et obtenu, la faveur spéciale de se rendre au bureau tous les matins une heure avant les autres employés ; et c'est pendant cette heure matinale qu'il copie à la machine à écrire le manuscrit de Maria Chapdelaine.

Sa vie à Montréal, des tout premiers jours d'avril au 26 juin 1913, fut comme toujours extrêmement simple. Ce fut celle d'un solitaire et d'un observateur patient et laborieux. Au bureau, où il a travaillé du 9 juin jusqu'à son départ, il a laissé le souvenir d'un garçon sympathique et d'un travailleur expéditif.

Dans la petite chambre louée sur une des rues les plus bruyantes et les plus commerçantes de la ville, il relisait le soir les pages du manuscrit qu'il devait taper le lendemain. Quelquefois il poursuivait ce travail dans une bibliothèque publique située non loin de son domicile. Aux heures de loisirs, il gravissait les pentes boisées de la montagne royale qui domine l'immense ville ; et, là-haut, devant cet horizon grandiose qu'un fleuve majestueux auréole d'argent, il rêvait. La rêverie finie, il observait. Il observait les hommes et les choses et avec un amour particulier le bois, le bois, oasis de verdure dominant un désert de briques ; le bois couru de routes, de chemins et de sentes ; le bois qui consent quelquefois aux grâces du jardin, mais qui parfois aussi s'ensauvage et s'emplit de mystère; le bois dont la féerie printanière des taillis et des futaies lui rappelait tant de choses vécues là-haut, dans les grandes forêts du nord, où un peu de son cœur peut-être est resté.

Vers la fin du mois de juin il arrive au bureau, exhibant un passeport et proposant à un employé la vente de sa valise de cuir. L'opération réalisée, il achète une sacoche de toile grossière, un costume particulièrement bien pourvu de poches intérieures et annonce qu'il s'en va.

A sa famille il écrit le 24 juin, le jour même de la Saint-Jean-Baptiste, un dernier billet ainsi conçu :

« Je pars ce soir pour l'Ouest. Mon adresse sera Fort-Williams (Ontario), pour les lettres partant de Paris avant le 15 juillet. Ensuite Winnipeg (Manitoba) pour les dernières partant de Paris pas plus tard que le premier août. Je vous ai envoyé trois paquets de papier. Mettez-les dans une malle avec mes autres papiers.

Aux rares personnes qui le connaissent et le questionnent sur ses projets il répond qu'il se rend à Fort-Williams d'abord, mais qu'il compte bien ensuite pousser jusqu'aux Montagnes Rocheuses. Comment voyagera-t-il? A pied tant qu'il pourra, en train quand il faudra. Comment vivra-t-il? Il n'en sait rien et s'en soucie peu. N'a-t-il pas fait ses preuves ? De l'argent ? Il en faut certes ; mais il lui est si facile d'en gagner quand il veut ; et pour mener cette vie des gueux qu'il aime entre toutes il lui en faut si peu! Et il part, non sans avoir promis à ses camarades d'envoyer des nouvelles qui ne vinrent jamais, jamais.

S'en alla-t-il directement vers l'Ouest ou passa-t-il d'abord par l'Abitibi? On l'ignore. Tout ce que l'on sait c'est que le 8 juillet il était à Chapleau dans l'Ontario.

Vers six heures trente du soir, il quittait la station du chemin de fer en compagnie d'un jeune Anglais nommé Harold Jackson. Ils allaient à pied vers l'Ouest, marchant prudemment comme on le fait toujours dans ce cas, sur la voie ferrée destinée aux trains se dirigeant vers l'est. A environ deux milles et quart de Chapleau, brusquement ils entendent un train qu'une courbe cachait. La surdité d'Hémon

explique pourquoi les premiers appels du mécani-
cien ne furent pas entendus à temps. Persuadés que
le train venait droit sur eux, ils se jettent vivement
sur la voie des trains de l'Ouest juste au moment
où la locomotive de l' "Impérial limitée" du
"Canadien Pacifique" arrivait à leur hauteur :
tous deux furent frappés. Il était sept heures
vingt. Moins d'une demi-heure après ils étaient
morts.

Les corps furent ramenés à Chapleau. L'enquête
menée n'incrimina personne. Quand il fut établi que
l'accident était dû à l'imprudence des voyageurs,
des procès-verbaux furent rédigés et signés. Puis,
le 10 juillet, les deux corps placés dans deux cer-
cueils de pin furent inhumés : Louis Hémon dans
le cimetière catholique, son compagnon au cimetière
protestant.

Pendant plus de dix ans la tombe de Louis Hémon
resta marquée, comme celle du soldat tombé au
champ d'honneur, d'une rustique croix de bois.
Tandis que le temps, de ses mains niveleuses, désar-
ticulait sa croix et effaçait son nom, autour de lui
dans ce cimetière, où l'ordre était loin de régner,
un à un, un peu au hasard, d'autres morts vinrent
dormir leur grand sommeil de paix, de telle sorte
que lorsque, en 1920, la Société Saint-Jean-Baptiste
de Montréal envoya une pierre gravée pour être
dressée sur la tombe du jeune et illustre écrivain,

le Révérend Père Gascon éprouva quelques difficultés à la retrouver.

Ainsi périt ce Français de France qui, mieux que tout autre, découvrit l'âpre beauté de la terre canadienne et chanta dans un admirable poème la fidélité de ceux qui, motte à motte, l'arrachèrent à la forêt. Ainsi le destin, au visage de sphinx et aux griffes implacables, voulut-il que, dans le cimetière d'une paroisse canadienne-française, cimetière presque tout entier pétri de la cendre des pionniers en marche vers l'Ouest, ses restes fussent confondus avec ceux de ses compagnons de même race, dont il avait révélé au monde la vie simple et les rares vertus.

Sous les grands arbres bruissants, entre le village paisible et la rivière calme, dans un décor qui rappelle Péribonka, repose au gîte de la mort le grand vagabond amoureux de la vie. Une paix profonde enveloppe cette tombe. Seuls, aux beaux jours, des cris joyeux d'enfants troublent le silence, et aussi le va-et-vient des convois de la station prochaine, où de leurs cloches avertisseuses les locomotives sonnent inlassablement le glas des écrasés!

ICI REPOSE
LOUIS HEMON
homme de Lettres
né a BREST (FRANCE)
le 12 Oct. 1880
décédé
a CHAPLEAU (Ont)
le 8 Juillet 1913
HOMMAGE DE LA SOCIETE
St JEAN-BAPTISTE
de MONTREAL
1970.

LE SYMBOLISME
DANS "MARIA CHAPDELAINE"

Quand, au début de l'année 1914, *Maria Chapdelaine* parut en feuilleton dans le journal *Le Temps*, Louis Hémon était déjà mort. Remarqué par quelques hommes de lettres du Canada, ce récit fut édité à Montréal en 1916 avec une préface d'Emile Boutroux, une introduction de Louvigny de Montigny et des illustrations de Suzor Côté. C'est seulement en 1920, après sa publication dans la série des "Cahiers verts" de l'éditeur Bernard Grasset, que l'œuvre attira l'attention des critiques et conquit rapidement la faveur du public.

La critique s'informa d'un auteur à peu près inconnu. On apprit qu'il avait séjourné au Canada français, dans le pays dont il avait décrit les sites, parmi les pionniers dont il avait vécu la vie pour mieux peindre les mœurs. On sut qu'il s'était fait écraser par un train alors qu'il allait vers l'Ouest en quête de nouvelles observations. Comme d'autre part on n'avait de lui, à ce moment-là, que quelques articles et deux nouvelles, on pensa avoir affaire à un de ces auteurs descriptifs qui mettent tout leur art à peindre la beauté des choses et les mœurs des hommes avec la seule couleur des mots. Étant donné que ses observations étaient probes et que son œuvre était simple, on le classa parmi les maîtres de cet art réaliste dont Brunetière a défini l'idéal.

Quels que fussent les goûts, les opinions religieuses et les tendances politiques des critiques français, l'ouvrage suscita chez tous un sentiment d'admiration. Puisque l'auteur était mort, les chers confrères furent unanimes à reconnaître ses mérites littéraires. On dit la valeur morale de son œuvre et on vanta sa grandeur. Il n'en fallut pas davantage pour assurer le succès auprès d'un public dont le goût est resté sain, en dépit des apparences. Le mot de chef-d'œuvre fut prononcé, non pas par les mercantis du papier imprimé mais par les critiques les plus probes. Cela acquis, on discuta la sincérité du peintre, l'exactitude des paysages décrits, la véracité des types dépeints. Des caractères on parla peu; des âmes, il n'en fut pas question. Immatériels, les symboles s'étaient évadés.

Le meilleur titre d'un ouvrage n'est-ce pas celui qui en donne la meilleure synthèse ou qui en dégage le plus clair symbole? Si Louis Hémon avait voulu peindre, comme on l'a prétendu, une région de colonisation, il eût donné à son œuvre un titre rappelant le pays où se déroulait son récit "Au lac Saint-Jean" ou "Sur la lisière du monde blanc" par exemple.

S'il avait voulu faire passer dans la littérature, avant qu'il disparaisse complètement de la réalité, ce type du colon défricheur isolé dans le bois, autrefois si fréquent dans le Canada français, il eût intitulé son œuvre du nom de Samuel Chapdelaine, dont il a si magistralement dressé la silhouette ; et il eût vraisemblablement écrit, avec des faits héroïques qui lui furent révélés par un long contact avec les pionniers et les trappeurs, une œuvre plus romanesque et plus pathétique. Mais non : il a donné à son œuvre le nom de Maria Chapdelaine. C'est donc qu'il a voulu faire autre chose que décrire un pays, étudier un caractère ou fixer un type social.

Il est arrivé pour Maria Chapdelaine ce qui est arrivé plusieurs fois dans l'histoire littéraire : on a pris le décor pour le drame, l'accessoire pour l'essentiel. Chez quelques auteurs, comme Pierre Loti, le paysage est traité d'une façon telle qu'on ne sait plus s'il est une réalité ou s'il est lui-même une psychologie. Il forme le fond d'un décor qui éclaire les personnages et où ceux-ci se reflètent. Chez d'autres, comme Balzac, on voit parfois à côté du héros qui donne le titre synthétique de l'ouvrage un autre personnage qui, par la volonté de l'auteur, prend une importance considérable et semble diminuer la valeur du premier. Ainsi le père Grandet projette-t-il son ombre épaisse sur la vie de sa fille Eugénie. Mais l'ombre n'est pas la lumière ; et cette lumière, même en veilleuse, vacillante au vent des passions, doit fixer avant tout l'attention du critique.

Dans l'œuvre de Louis Hémon, l'abondance des descriptions, l'ampleur des paysages décrits, l'analyse délicate et serrée à la fois de la vie du colon-défricheur ont jeté dans l'ombre le vrai personnage, Maria Chapdelaine, qu'ils voulaient éclairer. On a cru que les paysages étaient peints pour eux-mêmes, que les descriptions détaillées, parfois minutieuses et précises de la vie des colons, voulaient être des documents. Quelques-uns ont jugé le récit comme s'ils s'étaient trouvés en présence d'un guide rédigé par une agence de voyage ou par les bureaux du Ministère de la Colonisation. A ce point de vue, Maria apparaissait comme une pauvre petite chose impassible, presque immobile, presque inutile, que l'auteur aurait pu facilement supprimer. Alors pourquoi ce titre?

C'est que, sur une trame d'observations justes, Louis Hémon a brodé un signe : Maria Chapdelaine. Maria Chapdelaine est un symbole. Ce symbole est au centre du tableau qu'il éclaire, il est au centre de l'action qu'il anime. Personne n'existe en dehors de cette fille silencieuse; et le paysage lui-même ne se laisse admirer que par les images qu'il donne dans son âme. Maria Chapdelaine n'est pas autre chose qu'un drame moral dont le théâtre est l'âme d'une jeune fille canadienne-française. La grande lumière de l'amour, qui l'eût poussée vers son destin, une fois éteinte, cette jeune fille doit choisir entre la vie facile des villes ou la vie de labeur dans un pays austère. Dans le premier cas, elle se déracine, cesse et compromet l'œuvre des ancêtres ; dans le second, elle continuera l'œuvre de sa race; et, fidèle à la tradition des aïeux, elle obéira "au commandement inexprimé qui s'est formé dans leurs cœurs"[253]. Où cela se passe-t-il? Dans la région où l'acte sera le plus méritoire, c'est-à-dire, dans celle où la vie matérielle a le moins de charme, dans le coin où l'isolement moral est le plus grand.

Cette fille, déshéritée entre toutes, est le vivant symbole de la fidélité à l'âme canadienne-française : fidélité au culte, fidélité à la langue, fidélité au pays vierge lentement défriché, "où une race ancienne a retrouvé son adolescence".

C'est pour composer un ensemble harmonieux,

autour du personnage essentiel, que l'artiste a créé
d'autres symboles : symbole des noms qui caracté·
risent les personnages, symbole du paysage qui crée
une psychologie, symbole du drame qui pose un
problème. Tout a été conçu et idéalisé en vue de
faire comprendre et admirer ce que les Canadiens
eux-mêmes ont appelé : le miracle canadien-fran·
çais.

LES NOMS

Les noms de famille français, encore qu'ils soient portés par un nombre considérable d'individus, sont au Canada peu variés. C'est que le noyau de colons qui, par une progression régulièrement croissante, a si rapidement donné naissance à ce peuple, fut composé au début d'un petit nombre de familles portant des noms différents. Venus des provinces les plus linguistiquement françaises, ces noms ont encore conservé leur pureté originelle. Ils sonnent clair aux oreilles délicates. En général, rien n'est venu déformer ces noms attribués en un temps lointain où tout simplement, on désignait les individus par un de leurs caractères, par une qualité ou un défaut, une profession ou une charge. En ce bon vieux temps, le nom était une image; il était souvent pittoresquement représentatif et symbolique ; et, comme aujourd'hui le surnom, il avait du charme ou de la malice, de la couleur ou du caractère. Maintenant, plus ou moins déformés ou altérés par le poids des siècles, les noms ne sont plus que de pauvres choses élimées par un long usage, des syllabes dépourvues de sens, des sons sans harmonie, à peine quelque chose de plus qu'un matricule ou un numéro de téléphone.

Louis Hémon aurait pu donner à ses personnages des noms quelconques. Intuitivement, peut-être, il a préféré prendre parmi les noms les plus canadiens-français ceux qui lui paraissaient les plus représentatifs de ses personnages, ceux qui devaient le mieux marquer ses héros, ceux qui en somme étaient les plus aptes à les symboliser.

Des noms pittoresques s'offraient à lui. Ils ne disent certainement pas tout ce qu'une imagination complaisante peut leur faire dire, mais n'est-il pas tout au moins curieux, de constater que ces noms-là, sont justement ceux-là même qui résument le mieux, symbolisent le plus manifestement ou marquent le plus énergiquement, un individu, un caractère ou une destinée. Pour les personnages du récit ces noms n'ont-ils pas la valeur des masques qui, tragiques ou comiques, marquaient les héros du théâtre antique? Il n'était pas tout le per-

sonnage ce masque, mais le schématisant il l'exté-
riorisait.

François Paradis! N'est-ce pas le bonheur, la
félicité future entrevue au cœur de l'été par une
journée bleue inondée de lumière? Paradis, n'est-ce
pas celui qui, descendu d'un pays mystérieux,
apparut un soir, émergeant d'un nuage de boucane,
et s'ensevelit pour jamais dans la profondeur
blanche de la forêt? Paradis perdu, perdu pour
jamais dont Maria, à qui on a défendu le regret,
songe un instant, par compensation, à se consoler
en pensant aux "paradis" terrestres situés quelque
part, là-bas, vers le sud moins froid, qu'elle ne
connaît pas.

Et Surprenant! N'est-ce pas celui qui apporte
avec lui tout l'étonnant inconnu des pays d'où il
vient? Il parle de la vie magnifique des grandes
cités éblouies de lumière. Et n'est-il pas fait pour
surprendre, celui-là qui fait miroiter devant cette
fille des bois à laquelle il dit son amour, la magie
mystérieuse de la ville lointaine vers laquelle il
voudrait l'entraîner.

Et Gagnon! Pauvre hère, "pas riche bien sûr",
qui arrache péniblement la terre à la forêt, qui, à
force de peine et malgré la misère, gagne péniblement le blé de chaque jour. On ne le voit que le
soir, quand la nuit est déjà venue, écrasé par le
labeur du jour ; et à l'heure où il vient déclarer son

amitié, il sort de la forêt sombre en détachant sa silhouette courbée par le travail, sur un ciel gris d'où la neige dégringole en flocons serrés. Ce qu'il apporte, c'est la fidélité d'un chien et la force d'un bœuf, de quoi continuer une vie de misère dans le triste pays où le sort l'a jeté.

Et Légaré! Celui-ci on ne sait d'où il vient, on ne sait où il va : il est l'homme engagé. Il est le renfort nécessaire pour lutter contre l'étreinte du bois sinistre. La misère, il n'a connu que ça ; et là où d'autres geignent sous la peine, lui se console d'avoir moins de malheur qu'il en eut autrefois.

Et les Chapdelaine! Quel nom est plus canadien que celui-là! C'est le colon vaillant et fort, têtu et tenace, patient et bon, dur pour lui-même et doux pour les autres, qui toujours couvert de laine brave le froid et affronte la forêt. La forêt, c'est pour lui une magie. Il l'aime et cependant il la « claire » sans cesse ; il l'aime comme le marin aime la mer, et quand un jour les clairières sans cesse élargies se rejoignent et que la lisière de la forêt recule, la nostalgie le prend comme elle prend le marin, captif loin de la mer. Et de nouveau il s'en va plus loin, dans la forêt profonde, dont le cœur mystérieux bat à l'unisson du sien. Esclave du devoir, bloc que rien ne peut dissocier, la famille canadienne-française suit son chef et part avec lui vers un nouveau destin. Quelquefois une plainte douce accompagne cette migration vers l'inconnu; c'est la mère Chapdelaine qui symbolise ces regrets et qui emporte dans son cœur fidèle la nostalgie des vieilles paroisses où les cérémonies du culte et le charme des longues veillées permettent de supporter la rigueur des longs hivers.

Maria! C'est la jeune fille. Elle est comme un des beaux lacs de son pays. Ses eaux claires et froides, souvent figées par l'air glacé, en rêvant au soleil deviennent de la brume. Son charme est de réfléchir la mouvante beauté des nuages et les variations saisonnières du bois qui l'auréole. Son fond, elle le devine insondable; ses limites, elle les sait imprécises. Sa raison d'être est de faire jaillir la vie, de l'entretenir en elle et autour d'elle.

Louis Hémon l'a placée si "proche de la nature qui ignore les mots"[192] que jamais elle ne disserte sur la valeur des sentiments. On la dirait insensible, elle regarde et elle écoute. Elle est un grand silence, cette fille candide. A peine quelques gestes, seulement quelques mots; et, sauf la phrase finale qui exprime son choix et fixe son destin, elle ne dit rien qui vaille qu'on le retienne.

LE PAYSAGE

Il est changeant comme l'âme de Maria, le paysage! Tout le monde a vanté la beauté si purement classique des descriptions; et demain les anthologies les proposeront en exemples. Le paysage! Ne vaudrait-il pas mieux dire le décor.

Sur les seize chapitres qui composent le roman, treize débutent par une simple indication relative à la saison et au paysage qui l'escorte : "Avec juin", "En juillet", "Septembre arriva", "Un matin d'octobre", "Le jour de l'an", "Un soir de février", "Comme mai venait", "Un soir d'avril", "En mai", et ainsi de suite. Tout le long du récit ;

l'un après l'autre les chapitres égrènent la litanie des mois qui successivement marquent les étapes de l'action. Les rares chapitres qui font exception ne sont que la suite de celui qui précède. Partout ailleurs, Hémon commence, comme sur le plateau d'une scène, à planter le décor pour le drame.

Oui, le paysage est un décor et un décor harmonisé avec la vie de Maria ; avec elle il se confond ; tous deux se marient des mêmes couleurs de sentiment, et identifiés l'un à l'autre, tous deux vivent la même vie.

Comme elle débute d'une façon délicate, cette idylle d'amour qui éclot au printemps! Dès qu'elle a aperçu François Paradis, "ce matin-là lui parut soudain adouci, illuminé par un réconfort, par quelque chose de précieux et de bon qu'elle pouvait maintenant attendre. Le printemps arrivait, peut-être... ou bien encore l'approche d'une autre saison de joie qui venait vers elle sans laisser deviner son nom".[17]

Puis, quand la forêt et les coteaux de pierre se referment derrière elle, sur le seuil de la cabane de bois posée au milieu d'un "espace de terre défrichée", Maria sent "que depuis le commencement du monde il n'y avait jamais eu de printemps comme ce printemps-là".[43]

Le jour où François Paradis arriva dans sa solitude "fut une journée bleue, une de ces journées où le ciel éclatant jette un peu de sa couleur claire sur la terre".[89]

Le froid peut être intense, les mois peuvent être longs et lourds d'une attente amoureuse. Quand elle regarde par la fenêtre "les champs blancs que cerclait le bois solennel"[131], elle voit "le sol couvert de neige que la lumière de la lune rend pareil à une grande plaque de quelque substance miraculeuse, un peu de nacre et presque d'ivoire..."[134]

Gagnon, guignard, porteur de mauvaises nouvelles, vient-il annoncer que François Paradis "s'est écarté", alors, tout change, l'horizon se rétrécit. Les yeux de Maria restent fixés sur les vitres de la petite fenêtre que le gel rendait opaque comme "un mur" et "qui abolissait le monde du dehors".[147] A partir de ce moment, elle ne voit plus rien ; c'est la nuit partout, en elle et autour d'elle. Au moment où s'éteint la grande flamme qui échauffait et éclairait son cœur, tout autour d'elle devient sombre ; "la lisière lointaine du bois se rapprocha soudain, sombre façade derrière laquelle cent secrets tragiques, enfouis, appelaient et se lamentaient comme des voix."[148] Pouvait-on traduire d'une façon plus saisissante l'image de la lisière si proche et si menaçante qui, comme une main crispée, lui poignait le cœur?

Puis au retour de la Pipe, où le curé lui a défendu même le regret "après qu'elle a fait tout ce qui lui était possible de faire pour chasser tout chagrin, voici le lent évanouissement de la lumière"; la nuit tombait et "la tristesse pesait sur le sol livide, les sapins et les cyprès n'avaient pas l'air d'arbres vivants et les bouleaux dénudés semblaient douter du printemps".[162] Le douloureux voyage terminé, la voici maintenant frissonnante dans un monde qui lui paraît si étrangement vide qu'elle aussi doute du printemps. Tout lui semble mort ; et son cœur, son pauvre cœur qui ne hâte plus son battement que quand il se souvient, a peur que jamais, jamais plus il ne palpite à l'espoir d'un amour partagé. "Elle rentre dans la maison très vite sans regarder autour d'elle, éprouvant un sentiment nouveau fait d'un peu de crainte et d'un peu de haine pour la campagne déserte, le bois sombre, le froid, la neige, toutes ces choses parmi lesquelles elle avait toujours vécu et qui l'avaient blessée."[162]

Et quand Eutrope Gagnon lui a avoué son amitié, une amitié comme "ça ne peut pas se dire",[191] elle évoque les "champs enserrés par l'énorme bois sombre" et l'hiver, l'hiver sans fin où il faut "faire fondre avec son haleine un peu de givre opaque sur la vitre et regarder la neige tomber sur la campagne déjà blanche et sur le bois... Le bois... Toujours le bois, impénétrable, hostile, plein de secrets sinistres, fermé autour d'eux comme une poigne

cruelle."[190] Plus loin c'est la description si symbolique de la cabane où elle vit, "l'intérieur chaud
et fétide, le sol couvert de fumier et de paille
souillée, la pompe dans un coin, dure à manœuvrer
et qui grinçait si fort, l'extérieur désolé, tourmenté
par le vent froid, souffleté par la neige incessante :
c'était le symbole de ce qui l'attendait si elle épou-
sait un garçon comme Eutrope Gagnon, une vie de
labeur grossier dans un pays triste et sauvage."[193]

Mais c'est la moitié du volume qu'il faudrait
citer, sans omettre cette page si dramatique où la
mère Chapdelaine agonise pendant que la tempête
fait trembler et frissonner la pauvre maison de bois.

"Vers quatre heures, le vent sauta au sud-est, la
tempête s'arrêta aussi brusquement qu'une lame
qui frappe un mur, et dans le grand silence sin-
gulier qui suivit le tumulte, la mère Chapdelaine
soupira deux fois, et mourut."[228]

Faut-il noter, en terminant, les changements du
paysage, du ciel, de la température pendant que les
voix disent leur volonté ? Maria se décide-t-elle à
partir, tout devient beau; se décide-t-elle à rester,
tout s'assombrit. Avec l'espoir d'un départ même
lointain, c'est le clair de lune, lumineux et profond,
un paysage déguisé en blanc avec la neige épaisse
dont la blancheur n'évoque rien de triste. Le printemps frissonnant et son souffle attiédi sont là et
la brise au miraculeux baiser va ramener le vert

dans les prairies et dans les bois. Alors que la première voix va chuchoter "les cent douceurs méconnues du pays qu'elle voulait fuir."[246] "le vent tiède qui annonçait le printemps vint battre la fenêtre, apportant quelques bruits confus : le murmure des arbres serrés dont les branches fré-missent et se frôlent, le cri lointain d'un hibou. Puis le solennel silence régna de nouveau."[245]

Les voix ont-elles parlé clairement? Sa décision est-elle prise? Voici que "l'immense nappe grise qui cachait le ciel s'était faite plus opaque et plus épaisse ; et soudain la pluie recommença à tomber" rapprochant encore un peu l'époque bénie de la terre nue et des rivières délivrées."[253] Maria se résigne "patiente et sans amertume, mais songeant avec un peu de regret pathétique aux merveilles lointaines qu'elle ne connaîtrait jamais et aussi aux souvenirs tristes du pays où il lui était commandé de vivre; à la flamme chaude qui n'avait caressé son cœur que pour s'éloigner sans retour, et aux grands bois emplis de neige d'où les garçons témé-raires ne reviennent pas."[254]

Chaque chapitre s'ouvre sur un décor et se ferme avec la plus grande simplicité, sur un état d'âme. Maria est comme un miroir où tout se réfléchit : hommes et choses s'y mirent avec une telle netteté, que, parfois, on ne sait si c'est le paysage qui est un état d'âme ou si l'état d'âme n'est pas le paysage.

L'ACTION

Après que, par un long contact avec les hommes et les choses, le miracle de la survivance française en Amérique lui a été révélé, Louis Hémon entreprend d'édifier avec des matériaux extraits de la réalité un monument symbolique.

Une chose frappe dans l'exécution de ce grand' œuvre, c'est la simplicité des procédés. Rares dans l'histoire des lettres sont, depuis un demi-siècle, les récits écrits dans une langue et dans une forme aussi purement classiques. Nulle emphase dans les termes, nulle grandiloquence dans la phrase, nulle recherche du romanesque, nulle préoccupation de la ficelle et du truc. Les effets les plus pathétiques sont obtenus par des moyens candides et des mots familiers. Il règne partout une parfaite harmonie entre le récit simple, les personnages sains et le style limpide.

Si l'on veut bien analyser l'architecture de ce roman, il est facile d'apercevoir qu'avec une intuition de la pure beauté classique Hémon l'a marqué de fortes disciplines. Comme au théâtre, il s'est plié aux règles des unités. Seule l'unité du temps, si impérieuse dans la tragédie racinienne, n'a pas été absolument respectée ; mais comme d'une part le roman n'a pas les exigences du théâtre, il faut bien constater que la durée de l'action a été réduite à un minimum. Que les mois et les saisons aient le temps de dérouler leur cortège de couleurs, que les sentiments aient le temps d'éclore et de s'épanouir logiquement, ce sera suffisant.

Par contre le souci de respecter l'unité de lieu est bien évident. Sauf les toutes premières scènes à Péribonka, présentées uniquement pour nous révéler un monde plus proche et plus vivant dont l'influence se fera d'ailleurs sentir sur la psychologie des personnages, le voyage de deux heures à Saint-Henri de Taillon, et la grande veillée à Honfleur chez Ephrem Surprenant, Maria, centre de l'action, ne s'éloigne guère des environs immédiats de la cabane de bois. Là est la scène, et c'est là que l'un après l'autre apparaissent les acteurs. La mère Chapdelaine évoque bien, tout son règne durant, le souvenir des vieilles paroisses où elle aurait eu bien du plaisir ; le père Chapdelaine fait bien, après la mort de sa femme et devant son cadavre, le récit de ses pérégrinations ; mais les migrations de la famille Chapdelaine ne font pas partie intégrante de l'action, elles n'exercent aucune influence dans le drame, elles sont un récit du passé. Ce récit est à la fois un hommage rendu à la morte et une leçon pour les enfants.

Reste l'unité de l'action. Elle apparaît bien nettement. Tout dans le récit est uniquement ordonné pour mettre en évidence une nature ingrate et une vie de labeurs. Pour la famille dont il a montré les mœurs honnêtes, une seule raison de vivre : le devoir. Pour les jeunes dont il a mis le cœur simple à nu, une seule raison d'espérer : l'amour. L'amour une fois disparu, Maria reste en face du devoir. Écoutera-t-elle les voix intérieures évocatrices de plus douces contrées et de plus plaisantes vies, ou bien se laissera-t-elle conduire par les voix du dehors, évocatrices de la terre et des morts ? Tel est le point culminant de l'action vers lequel tout va tendre et se hausser.

Tout ce qui ne concourt pas à cette fin sera scrupuleusement éliminé. Pour dramatiser l'action, nulle aventure romanesque. Pour captiver le lecteur, point de récit de chasse ou de pêche ; et cependant quel pittoresque il eût ajouté s'il avait voulu décrire la vie et les mœurs de cette région de colonisation! Avec lui, nous aurions vécu sous la tente dans la forêt. Nous aurions couru les bois en raquettes, chassé le canard, l'ours, le caribou ou l'orignal. Nous nous serions lancés en de légers canots d'écorce sur les rivières aux eaux couleur d'azur. Nous aurions campé aux portages, descendu de dangereux rapides et chaviré peut-être. Nous aurions pêché l'ouananiche et le brochet. Nous aurions travaillé dans les chantiers de coupe de bois. A la drave, nous aurions, au courant bouillonnant, poussé les billots embusqués ; et, dans un poste de traite, commercé des fourrures avec les Indiens. Mettez Louis-Frédéric Rouquette dans la même région et vous verrez quel extraordinaire parti il va tirer du pittoresque. Son imagination débordante et sa plume alerte vont vous prendre comme vous prennent ses récits du "Grand silence blanc", si suggestifs et parfois si comiques!

Tout ce qui peut assombrir le tableau pour mieux mettre en relief le mérite de ceux qui durent sera dépeint. Rien n'a été omis pour pousser au noir ce tableau. Tout le long du roman les faits s'ajoutent aux faits pour montrer la vie austère d'une famille isolée, la vie de travail d'un défricheur en lutte avec le bois. Dans le pays, il a choisi le coin le plus sombre ; parmi les familles, la plus déshéritée. Les longues journées de travail vécues à abattre les arbres, à arracher les chicots, à semer, à moissonner, à faner dans la chaleur accablante de l'été sous la piqûre des "brûlots" et des "maringouins", comme les mois d'interminable réclusion dans la forteresse de bois assiégée par l'hiver, où dans l'inaction presque absolue on essaye de voir à travers le créneau gelé de la fenêtre la chute silencieuse des flocons, tout cet ensemble forme, avec les déceptions certaines, mûries avec chaque récolte, et les petites misères de l'ordinaire vie, un total bien propre à décourager des âmes mal trempées. Tout cela est d'ailleurs vu avec une évidente sympathie, dans le seul but de glorifier le mérite de celle qui sacrifiera les bonheurs matériels de la vie à l'accomplissement d'un devoir, du devoir sacré dicté par une race, dont les morts exigent des vivants, non pas seulement le respect aveugle des traditions ; mais aussi la claire vision des intérêts et du bonheur des enfants à venir.

Comment Louis Hémon a-t-il atteint son but et réalisé sa généreuse intention ?

C'est d'abord un conte blanc ! Lys d'or sur drapeau blanc, dans un décor de neige, la blanche jeune fille rêve du beau garçon qui sera son époux. Comme la vie est facile quand on la vit avec l'amour : le labeur le plus dur, les besognes les plus grossières, celles qu'elle accomplit comme celles de ceux qui peinent autour d'elle, lui semblent un plaisir. Un soir d'hiver, un soir de nouvel an, l'espoir du bonheur s'envole pour jamais ; et après que la mort a posé sa tache sombre sur cette claire idylle, en même temps que la lisière des bois noirs se rapproche, l'austère devoir apparaît. Puis-qu'une vie d'amour n'est plus possible, faut-il, avec Surprenant, aller vers la vie facile des villes et rompre l'œuvre des ancêtres, ou bien continuer avec Gagnon, dans un pays sauvage, l'œuvre pour laquelle ils ont souffert ? Tel est le problème.

Comme la race dont elle est le symbole, elle croit au devoir. Sa situation est celle où, pendant plu-sieurs siècles, se sont trouvés les pionniers. Comme eux, elle sent obscurément et confusément que le succès récompensera l'effort. La forêt s'éclaircira, l'horizon s'élargira ; et, là où se dressent aujour-d'hui des bois impénétrables, onduleront bientôt les épis lourds de grains qui donneront le pain aux enfants qui viendront.

C'est tout un petit monde que nous révèlent les premières pages. Point de départ et point d'arrivée de la vie, l'église reste l'axe autour duquel gravitent ces populations si profondément catholiques. C'est elle dont la voix s'étend, monte et pénètre bien plus loin, bien plus haut et plus profondément que le son même des clochers, qui, aux heures incertaines et troubles, les guide et les rassure. Pendant toute la durée du drame, elle est là. Que Maria mette toute son intime joie à espérer un contentement dont elle éprouve déjà le frisson, ou que, blessée et muette, elle désespère du bonheur, c'est l'église qui, par la voix de son prêtre ou l'âme de ses cloches, la conduira doucement vers son destin. Invisible comme l'étoile dans le jour du bonheur, elle apparaît et resplendit dans le noir de l'épreuve. Sur ses solides assises enfoncées dans les réalités de la terre, pour jaillir comme une fleur avec ses dentelles de pierre, vers le rêve du ciel, elle s'impose comme la Vérité et domine de toute la puissance de sa force immuable la vie frêle et passagère et des hommes et des choses.

Au retour d'une promenade à Saint-Prime où elle a connu le charme des veillées de chants et de jeux, devant l'église de Péribonka où elle vient d'entendre la messe, Maria Chapdelaine rencontre François Paradis. Et d'avoir la promesse qu'il montera veiller chez eux un soir, Maria voit tout ce qui l'entoure "soudain adouci, illuminé".[16] Puis elle remonte vers la maison lointaine, là-haut dans le nord, loin de tout et loin de tous. C'est là que cette âme, qui vient d'entrevoir le bonheur, va subir, dans la monotonie d'une vie austère, un assaut redoutable.

Un soir de printemps, fidèle à sa promesse,

François Paradis vient voir Maria. Et voilà que celle-ci qui croyait partager les goûts de sa mère, laquelle regrettait "le bonheur idyllique des cultivateurs des vieilles paroisses",[50] "n'en était plus aussi sûre".[50] Il lui semble que rien ne paiera le bonheur de vivre avec un beau garçon au visage embelli par des "yeux téméraires".[48]

Un soir de juillet, dans la pauvre maison de bois, au milieu d'un groupe dont les "figures brunes"[82] semblaient suspendues dans la fumée blanche de la boucane, émerge François Paradis.

« Il semblait avoir apporté avec lui quelque chose de la nature sauvage "en haut des rivières" où les Indiens et les grands animaux se sont enfoncés comme dans une retraite sûre. Et Maria, que sa vie rendait incapable de comprendre la beauté de cette nature-là, parce qu'elle était si près d'elle, sentait pourtant qu'une magie s'était mise à l'œuvre et lui envoyait la griserie de ses philtres dans les narines. »[85]

« Le lendemain fut une journée bleue, une de ces journées où le ciel éclatant jette un peu de sa couleur claire sur la terre. Le jeune foin, le blé en herbe étaient d'un vert infiniment tendre, émouvant; et même le bois sombre semblait se teinter d'un peu d'azur ».[89] Si au Canada français l'expression "avoir les bleus" est synonyme de tristesse et d'ennui, le bleu n'en reste pas moins la couleur du ciel et des tendres sentiments. C'est pourquoi le lendemain de cette veillée mémorable qui devait être une journée d'amour, Louis Hémon en fait un dimanche ; et ce dimanche, tout est bleu. Tout est bleu dans la nature comme dans les cœurs, et les amoureux, dont l'âme déborde de tendresse, s'en vont cueillir... des bleuets à pleins seaux. C'est pendant la cueillette sous "le grand soleil éclatant", tandis qu'à leurs pieds se fanent les "dernières fleurs du bois de charme[187]" qu'en des phrases dépourvues de lyrisme et pleines de sincérité, en une simple question et dans une réponse plus simple encore "muets et solennels", ils échangent leur serment.

Cette scène des aveux, traitée et rabâchée par tant d'auteurs[94], reste peut-être la plus typique de la manière d'Hémon. Tout le monde a été unanime à reconnaître la délicatesse et la sobriété des moyens employés pour obtenir l'effet. Ici l'émotion la plus délicate a été obtenue avec une simplicité sans égale.

Puis c'est, chez elle, pendant l'absence, "un jaillissement d'espoir et de désir", la présence d'un contentement miraculeux qui vient.[106] C'est en elle l'espoir de toute une race qui aspire à se réaliser dans le sentiment le plus noble, le plus apte à la grandir : la survivance.

Cependant un soir d'hiver, cette grande flammelumière "aperçue dans un pays triste à la brunante"[196] s'éteint. Et c'est le chapitre treizième. Louis Hémon éprouve le besoin d'une halte. Comme à la veille d'une bataille, il éprouve la nécessité de regrouper ses unités : raisons et sentiments. Le récit ralentit et s'arrête. Il faut récapituler et dresser un bilan. François Paradis "venu au cœur de l'été"[187] est mort. Surprenant a "apporté un autre mirage"[187]; et voici Gagnon qui "timidement, avec une sorte de honte et comme découragé d'avance, vient offrir son amitié, "une amitié comme ça ne peut pas se dire".[191] Que va faire Maria? Dans sa pensée, car son cœur est meurtri, se heurtent le pour et le contre. Lequel des deux l'emportera? La thèse est là tout entière dans ce chapitre, ramassée, serrée, limpide, claire, claire même aux aveugles.

"Maintenant il fallait faire semblant de n'avoir rien vu, et chercher laborieusement son chemin, en hésitant, dans le triste pays sans mirage".[196] Dans sa pensée obscure et simple, elle essaie de comprendre son devoir. Et pour elle le problème se pose ainsi :"Quand une fille ne sent pas ou ne sent plus la grande force mystérieuse qui la pousse vers un garçon différent des autres, qu'est-ce qui doit la guider? Qu'est-ce qu'elle doit chercher dans le mariage ?"[197] Ou bien la vie facile symbolisée par Surprenant qui lui apporte "comme un présent magnifique un monde éblouissant..."[197], qui la débar-rassera "de l'accablement de la campagne glacée et des bois sombres"?[197] Ou la vie austère sym-bolisée par Gagnon, c'est-à-dire "une vie de labeur grossier dans un pays triste et sauvage".[193] « Si François Paradis ne s'était pas écarté sans retour dans les grands bois désolés, tout eût été facile. Elle n'aurait pas eu à se demander ce qu'il fallait faire : elle serait allée droit vers lui, poussée par une force impérieuse et sage, aussi sûre de bien faire qu'un enfant qui obéit. Mais il était parti ; il ne reviendrait pas comme il l'avait promis, ni au printemps, ni plus tard ; et M. le curé de Saint-Henri avait défendu de continuer par un long regret la longue attente. »[195]

« Elle avait conscience qu'il n'appartenait qu'à elle de faire son choix et d'arrêter sa vie, et se sentait pareille à une élève debout sur une estrade devant des yeux attentifs, chargée de résoudre sans aide un problème difficile. »[194]

Où le symbole se dresse-t-il mieux qu'ici? Il est là, debout, grandi par l'angoisse et le doute et visible à tous comme un exemple ; il doit élucider un problème complexe. Fille silencieuse dont rien ne fixe la beauté, résignée, mais non abattue, n'incarne-t-elle pas la race, la race canadienne-fran-çaise qui, complètement abandonnée à elle-même, sans aide, sous la domination d'un vainqueur puissant, dut au cours du siècle passé résoudre le problème de sa destinée?

Le devoir accompli par sa mère, elle sentait qu'elle serait capable de le remplir. "Elle s'en rendait compte sans aucune vanité et comme si la réponse était venue d'ailleurs."[244] "Elle pouvait vivre ainsi"[244] que sa mère l'avait fait, "seulement elle n'avait pas dessein de le faire parce que son cœur blessé détestait les grands bois et le pays barbare où les hommes qui s'étaient écartés mouraient sans secours ; où les femmes souffraient et agonisaient lentement, tandis qu'on s'en allait chercher un remède inefficace au long des interminables chemins emplis de neige. Pourquoi rester là et tant souffrir lorsqu'on pouvait s'en aller vers le sud et vivre heureux?"[244]

Quand autour du cadavre à peine refroidi de la mère Chapdelaine, tous font l'éloge de la morte, Maria avait l'intuition confuse "que ce récit d'une vie bravement vécue avait pour elle un sens profond et opportun et qu'il contenait une leçon, si seulement elle pouvait comprendre".[242] Qui va l'aider à comprendre?

Autour d'elle, personne. Dans la pauvre maison où la mort est entrée, chacun s'abandonne au chagrin. La perte causée par la disparition d'un être cher déchire quelques-unes des attaches du cœur, et pour un temps les sentiments s'en vont à la dérive

Chez ceux en qui la douleur est moins vive, la disparition d'un être familier, outre qu'elle impose
l'image de la mort, rompt le cycle routinier des
habitudes chères. Quelle âme parmi ces hommes
attristés peut se grandir au-dessus de l'humaine
misère et concevoir une obligation au-dessus de
l'intérêt? Soldats de la terre, ces travailleurs accom-
plissent bravement dans le sillon creusé à l'orée du
bois la tâche assignée par Dieu. Chez eux ni révolte
ni enthousiasme. Leurs épaules voûtées par le
travail, ployées par les fatalités, sont incapables de
se dresser pour une lutte aux fins trop abstraites.
Pas plus qu'ils ne conçoivent la désertion de leur
poste, ils n'éprouvent aucun besoin de grandir leur
mérite.

Ils ne lisent ni livres ni journaux. Une à une, ils
peuvent dénombrer toutes les places où ils ont vécu
et nommer par leurs noms toutes leurs connaissances ; mais les mots de pays et de race gardent
quelque chose d'abstrait qu'ils ne comprennent pas.
Pour eux la vie sociale se réduit à quelques services
rendus aux parents, à quelques visites faites aux
amis et aux voisins. Nulle idée générale ne les
domine, sauf celle de leur religion. Là seulement
leurs âmes communient dans de pieuses pensées.

Le prêtre qui pourrait conseiller Maria est bien
loin. Héroïquement, dans la neige et le vent, il est
venu porter à la mourante la grande force eucharis-

tique ; puis, sans souci des vivants, il est reparti distribuer à d'autres plus malheureux les secours des grands mystères.

Lui, et le médecin venu hâtivement apporter un remède, ne peuvent donner que des conseils familiers. Ce qu'il faut à cette enfant, à la minute pathétique d'où dépend son destin, c'est un simple conseil imprégné de sublime. Ceux qui, fidèles aux aïeux, entretiennent chez les humbles le culte du souvenir, comme ceux qui, aux heures des lourdes menaces, convièrent les vivants au service des morts, vivent dans les centres peuplés et ne s'égarent pas aux fins fonds des forêts.

Comment gagner le cœur de Maria ? Là-haut, dans ces grands bois sans chemins, défendus par l'espace, d'où viendra la leçon salutaire? Comment dans cet empire du silence, où n'arrive que la plainte du vent, chanter les charmes du pays et la douceur de la langue? Qui dévoilera l'âme religieuse et maternelle du pays de Québec ensevelie sous la neige? Des hommes auraient pu paraître. Mais quels que fussent leurs mérites et la noblesse de leur tâche, ils n'eussent point donné à leur paroles le ton de l'idéal qui seul leur convenait. Seules, des voix immatérielles comme le vent, majestueusement harmonisées comme dans un cantique, peuvent donner à la leçon une ampleur grandiose.

" Ces voix, elles n'avaient rien de miraculeux;

chacun de nous en entend de semblables lorsqu'il s'isole et se recueille assez pour laisser loin derrière' lui le tumulte mesquin de la vie journalière, seulement elles parlent plus haut et plus clair aux cœurs simples. »[245]

La première lui dit les charmes méconnus du pays qu'elle hait, "l'apparition quasi miraculeuse de la terre au printemps"[246], "l'éblouissement des midis ensoleillés".[247] "la moisson, le grain nourricier", "la caresse de la première brise fraîche, venant du nord-ouest après le coucher du soleil, et la paix infinie de la campagne s'endormant tout entière dans le silence",[248] "l'automne et bientôt l'hiver qui revenait... un hiver qui "apporte tout au moins l'intimité de la maison close", et au dehors, avec la monotonie et le silence de la neige amoncelée, la paix, une grande paix..."[247]

La deuxième lui dit la douceur de la langue "qu'il était plaisant d'entendre prononcer ces noms, lorsqu'on parlait de parents ou d'amis éloignés", "noms familiers et fraternels donnant chaque fois une sensation chaude de parenté, où retrouver la douceur joyeuse des noms français?"[249]

Et alors qu'attendrie, elle songe encore à la dureté du pays, "une troisième voix plus grande que les autres s'éleva dans le silence : la voix du pays de Québec, qui était à moitié un chant de femme et à moitié un sermon de prêtre".[251]

C'est l'âme de la province qui parle dans cette voix, l'âme de tout le pays de Québec. Elle dit "la solennité chère du culte, la douceur de la vieille langue jalousement gardée, la splendeur et la force barbare du pays neuf où une race ancienne a retrouvé son adolescence". "Nous sommes venus il y a trois cents ans et nous sommes restés... Ceux qui nous ont menés ici pourraient revenir parmi nous sans amertume ; car, s'il est vrai que nous n'avons guère appris, assurément nous n'avons rien oublié".[251]

Et les voix "ayant parlé clairement", Maria sent qu'il lui faut obéir. Les autres devoirs, les devoirs matériels, les devoirs humains passent après celui que formule la race.

Le problème, tel qu'il se pose pour Maria au moment de la mort de sa mère, semble humainement ne comporter qu'une seule solution. Puisqu'il y a là un pauvre homme seul avec deux jeunes enfants, il faut bien en toute logique qu'il reste une femme à la maison ; Maria Chapdelaine faillirait au plus élémentaire de ses devoirs tel que le comprennent ses semblables si elle agissait autrement. Objection sérieuse à laquelle Hémon a répondu de la manière suivante. « Le souvenir de ses autres devoirs ne vint qu'ensuite, après qu'elle se fut résignée avec un soupir. Alma-Rose était encore toute petite, sa mère était morte et il fallait qu'il restât une femme à la maison. Mais en vérité c'étaient les voix qui lui avaient enseigné son chemin. »[253]

Les voix ? Qui après les avoir entendues pourrait douter du symbolisme? Il éclate majestueusement. Rien n'a pu parler plus clairement à Maria que d'immatériels symboles.

Dans une œuvre bien construite, la partie la plus apte à nous renseigner sur les intentions de l'auteur, n'est-ce pas le dénoûment? Dans une pièce de théâtre comme dans un roman, il est la clé de voûte de l'intérêt. Presque toujours il apparaît comme l'aboutissement nécessaire de l'intrigue ou comme la conclusion logique d'une thèse. C'est d'ordinaire le moment où l'auteur moralise en distribuant le bonheur à la vertu et le malheur au péché. Or nulle part, dans son œuvre, l'intention de Louis Hémon n'apparaît plus évidente qu'au dénoûment. Si, comme on l'a prétendu, Hémon avait voulu écrire le roman de la colonisation, il aurait parlé de concessions, de ventes de lots ; et le récit eut pris fin sur une signature devant un homme de loi. S'il avait voulu narrer, comme certains ont pu le croire, les migrations de la famille Chapdelaine et montré le colon aux prises avec la terre, le récit se fût terminé par un nouveau déménagement ou une réinstallation.

Le problème tel qu'il est posé doit être maintenant résolu. A celle qui au carrefour hésitait entre un chemin de neige et un chemin de fleurs, les voix ont nettement parlé, il faut opter. Car voici l'humble et fidèle Gagnon qui, lassé par le labeur, s'en vient un soir mendier de l'espoir. "Calculez-vous toujours de vous en aller, Maria?"[255] Maria, les yeux à terre, de la tête, fait non. Puis, après que Gagnon a exprimé le désir de savoir s'il "avait une chance", elle répond :

"Oui... Si vous voulez je vous marierai, comme vous m'avez demandé, le printemps d'après ce printemps-ci, quand les hommes reviendront du bois pour les semailles."[255]

C'est la fin. Toute l'action aboutit à cette phrase décisive, la seule prononcée par Maria, ou tout au moins la seule qui compte. Après cette phrase, pas un mot, désormais ; tout serait superflu. Une fois fixé, son destin s'accomplira.

RÉPONSES A QUELQUES CRITIQUES

Quelques critiques ont cru voir dans Maria Chapdelaine une description peu sympathique du Canada français, des traits décochés ici et là au colon, au médecin et au prêtre.

Ceux qui ont pu écrire ces choses ignoraient l'ensemble de l'œuvre déjà publiée par Louis Hémon, sans cela ils eussent été frappés par la gravité avec laquelle il traite ses sujets. Même quand il décrit les bas-fonds de Londres, où se coudoient les individus les plus étranges, Louis Hémon en note rarement le côté comique ou crapuleux. C'est d'ailleurs presque toujours un sujet sérieux qui l'occupe ; et c'est toujours la grandeur morale de ses personnages qui le frappe. Qu'il présente la petite évangéliste de "La foire aux vérités" ou la petit Taoufa de "Celui qui voit les dieux", il les traite toutes deux avec une égale sympathie. Ceux-là n'avaient pas lu non plus le journal de Louis Hémon qui est pour le roman la meilleure préface. Les éléments du chef-d'œuvre y sont déjà rassemblés, depuis les noms des personnages jusqu'aux cloches de Québec dont la voix monte et descend dans le vent, pendant que la ville s'attriste sous l'ondée. Comme les voix, ces cloches disent dans la même langue et déjà d'une manière si émouvante, les mêmes devoirs que les voix dicteront à Maria !

On ne peut que rester étonné de l'intuition de ce jeune Français qui, jeté sur la terre étrangère, a compris si vite, si pleinement et si sympathiquement la race canadienne-française ; non pas seulement ceux des villes avec lesquels lui, le citadin de Paris et de Londres, pouvait le plus facilement entrer en contact ; mais encore ceux des campagnes, des plus lointaines campagnes et tous ceux, si humbles qu'ils fussent, qui s'exprimaient dans sa langue. Vainement, on chercherait dans ces pages un mot blessant, une épithète malsonnante ou simplement douteuse. Dans son journal, où, contrairement au roman, les nécessités du récit ne le gênent plus, il s'abandonne au lyrisme et il écrit le plus simple et le plus émouvant dithyrambe qui ait été jamais écrit sur le Canada français.

Toujours si classiquement française, avec un mouvement et un balancement de phrase qui rappellent par tant de côtés le style de Maupassant, la langue de Louis Hémon est à peine émaillée de quelques canadianismes charmants et de quelques mots français, morts en France, protégés et conservés par l'isolement géographique aux bords du Saint-Laurent. Avec quelle réserve et quelle délicatesse il a mêlé ces deux choses et quelles harmonies il a su en tirer!

D'autre part, si l'on veut bien la considérer avant tout, et surtout comme un symbole, l'œuvre canadienne et française de Louis Hémon échappe à beaucoup de critiques. Il a exagéré a-t-on dit? Le paysage, il ne l'a ni vu ni compris. De l'hiver il n'a vu que le bois noir, le froid intense et la tombée sans fin de la neige en flocons. De l'été il n'a vu que l'ardeur suffocante, le travail hâtif et acharné dans le tourbillonnement des insectes piquants. Du colon il n'a vu que la peine et la misère ; et au lieu de le comprendre et de le montrer libre et gai comme il l'est, il l'a montré esclave accablé d'un été qui commence trop tard, esclave sans joie d'un hiver qui dure trop longtemps, esclave maussade des bêtes qu'il se tue à nourrir.

Il a exagéré? Certainement il a exagéré. D'abord

il a exagéré comme exagèrent les artistes. L'œuvre d'art, qu'elle soit poème, roman, peinture, sculpture ou musique, n'est ni une copie de la réalité, ni même une photographie, mais elle est pour le moins une transposition. Oui, Louis Hémon a volontairement exagéré et pour cause.

Il connaissait bien la région du lac Saint-Jean; il a vécu à Péribonka et il a exploré la région du nord en compagnie de prospecteurs et de trappeurs tels que François Paradis. Toutefois, il connaissait encore, pour y avoir vécu plusieurs mois, les grandes villes de Montréal et de Québec. Son héroïne, il pouvait la prendre dans la meilleure société canadienne-française et nous la présenter sous les aspects les plus flatteurs au goût et des faiseurs et des snobs. Elle nous eût charmés par sa distinction, plû par l'élégance de ses toilettes achetées à Paris, émus par ses talents de musicienne et de diseuse, éblouis par le luxe de sa demeure. Ou bien il aurait pu nous la montrer déshéritée, en lutte avec les exigences de la vie citadine, hésitante entre un garçon pauvre de la même origine et des prétendants riches mais de races, de langues et de religions différentes. Louis Hémon voyait et sentait plus profondément. Il devinait l'âme canadienne-française. Et c'est cette âme qu'il voulait mettre au jour. Il avait longtemps parcouru la région du lac Saint-Jean. Il connaissait bien cette population à peu près exclusivement canadienne-française parmi laquelle des éléments d'origine écossaise ont été si bien assimilés qu'ils ignorent aujourd'hui la langue de leurs ancêtres. Il a vécu à Saint-Gédéon où la vie rurale a ses exigences, mais où elle a aussi ses charmes. Il a passé plusieurs mois comme employé à gages à la ferme des Bédard, située à trois milles au nord de Péribonka. Mais il a pensé que même là, dans le milieu qu'il connaissait le mieux et où il prit les éléments de son sujet, l'isolement n'était pas assez grand et que le mérite de son héroïsme pouvait être diminué, ou tout au moins suspecté. Les voisins, on peut les voir, ils peuvent venir veiller ; et puis il y a une bonne route qui mène à Péribonka où l'on va assister à la messe, faire ses provisions ; et, en cas de besoin, chercher le médecin. Là, quoique sévère, la vie s'adoucit, quelquefois ; et, mon Dieu, peut-être que Maria, habituée au labeur et peu exigeante sur la question des plaisirs, n'aurait pas eu tout le mérite de sa décision. A côté de l'austère devoir, l'intérêt, le goût du commérage ou de l'amusement auraient pu la guider. Louis Hémon ne l'a pas voulu, c'est pourquoi il l'a placée là où le mérite devait être le plus grand, c'est-à-dire plus loin, plus haut, vers le nord mystérieux, à quinze milles de Péribonka, au milieu du bois sombre, dans un coin ignoré où les chemins dignes de ce nom hésitent à se rendre.

Il l'a située dans le coin le plus reculé, là où la vie est la plus rude, le climat le plus dur, où l'isolement est le plus grand. Car quel mérite peut avoir une jeune fille à rester fidèle à sa race, quand un beau jeune homme qui parle sa langue et qui est de son sang, lui apporte, avec un cœur épris, de l'argent ou une belle position, et la vie divertissante d'une grande cité? A moins que la vocation ne l'appelle à Dieu, elle n'hésitera pas.

D'autre part, pour qu'elle ajoutât à son mérite de ne pas déserter, il fallait qu'elle n'ignorât pas le charme des vieilles paroisses. A chaque instant, sa mère laisse exhaler la plainte et les regrets qui vivent dans son cœur ; et Louis Hémon a soin dès le début du roman de nous montrer Maria de retour de Saint-Prime, rêve de la mère Chapdelaine, où elle a vécu plus d'un mois et où "elle a eu suffisamment de plaisirs avec des veillées de chants et de jeux presque tous les soirs".[18] Elle sait donc que d'autres jeunes filles de son âge et de son milieu ont des vies plus plaisantes que la sienne. Elle sait que si, comme à elle-même, il leur arrive parfois d'avoir de la peine, il leur advient quelquefois d'avoir du plaisir. Oh ! certes, ce plaisir-là n'est pas le plaisir bruyant et tapageur, si factice et si trompeur qu'il semble fait pour cacher une peine ; non, mais c'est le plaisir simple des simples qui vivent tout bonnement leur monotone vie ; un plaisir qui est à peine plus qu'une détente dans le travail, un délassement pour le corps, une faible envolée pour l'esprit.

Ces colons disséminés dans le bois ne sont pas une légende. Nombreux autrefois quand la forêt recouvrait le pays, leur nombre diminue aujourd'hui rapidement et cela dans la mesure où l'administration intervient pour une colonisation rationnelle.

La colonisation! C'est toute une œuvre méthodiquement entreprise pour exploiter la forêt et offrir une clairière toujours plus vaste aux enfants d'une race particulièrement féconde. Après les travaux préparatoires nécessaires pour supputer la valeur du sol et quelquefois du sous-sol, voici la route tracée au cordeau, de chaque côté de laquelle méthodiquement se rangent les billots et s'édifient les cabanes. Unies dans la même demeure de planches, l'église et l'école sont déjà là. Rangés en une double ligne de tirailleurs, voici les défricheurs à l'œuvre. Chacun dans son lot lutte avec le bois; et un à un tombent les géants de la forêt. Ce n'est d'abord qu'un lambeau de terre mis à nu, gratté et ensemencé entre les souches restées témoins ; mais c'est, la première étape franchie, la promesse encourageante d'une récolte, annonciatrice de l'aisance à venir.

Il est cependant des colons qui, épris d'indépendance, amoureux de liberté, supportant mal les

servitudes administratives et sociales, désertent le
rang et s'en vont plus loin, solitaires dans la forêt,
édifier leur cabane au bord d'une trouée clairée
par l'incendie. Les Chapdelaine étaient de ceux-
là. Comme les équipes de bûcherons enfoncées dans
le bois, ces colons ne sont pas isolés. L'automobile
permet aujourd'hui des communications fréquentes
entre les chantiers, les fermes perdues et les centres
éloignés ; et voici maintenant que les radios, sillon-
nant l'air de leur houle invisible, leur apportent,
avec les cours de la bourse et les prêches des
pasteurs, l'écho des music-halls!

Mais quel intérêt a ce colon au point de vue
littéraire? Fallait-il décrire celui-ci plutôt que
celui-là? Fallait-il représenter le Canadien de
Québec ou un métèque immigré dans l'ouest canadien? Ce sera la gloire de Louis Hémon d'avoir
négligé l'accessoire pour l'essentiel, le contingent
pour le permanent, le passager pour le durable et
d'avoir enfermé dans une famille perdue dans le
bois au commencement du XXe siècle tout ce qu'il y
eut de courage entêté, de patience résignée et
d'héroïsme dans tout un peuple de colons et de
défricheurs au cours des siècles précédents; d'avoir
décrit quelque chose qui ne change pas, le cœur
d'une jeune fille canadienne-française, symbole de
la fidélité à une race qui ne veut pas mourir.

Ce coin perdu de la forêt glacée n'est pas non

plus tout le pays de Québec, a-t-on dit. Non, certes. Pas plus que "La Brière" n'est toute la France et Montmartre tout Paris. Mais ici il y a plus. La patrie canadienne-française ne saurait être une région géographiquement délimitée sous le nom de province de Québec. Qu'il soit dans les "États", ou bien dans les provinces voisines où, prolifique, il déborde naturellement ; ou encore qu'il essaime en une chaîne continue de colonies jusqu'aux rives du Pacifique, le Canadien français emporte sa patrie non pas à la semelle de ses chaussures, mais dans son cœur qui sait se souvenir. Religion, race, langue, à tout cela il est fidèle. Source et réservoir de la patrie canadienne-française, Québec, où l'histoire accumula les plus chères reliques, reste sur son rocher l'image d'une race. Nulle part dans son récit Louis Hémon n'entend réduire le pays de Québec à un coin de la province ; et quand il parle du pays, il parle de son âme. Qui est davantage du pays de Québec, qui fait plus intégralement partie de son âme, que ces hommes perdus dans le cœur des forêts, qui, en taillant sans fin des drapeaux de "terre planche", restent fidèles à leur foi et fidèles à leur race ?

Ceux qui tiennent avant tout à l'opinion des marchands qui ne sont que des marchands, protestent contre le tableau peint par Louis Hémon, trop sombre à leur gré; et contre la description de cette unique famille de bûcherons perdue dans le bois. Pour eux, les Chapdelaine et leur fille risquent de donner une fausse idée du Canada français, de lui créer une mauvaise réputation et en définitive de lui causer le plus grand dommage. De donner une fausse idée? A qui? A ceux qui, dépourvus de sens critique, prompts à généraliser, sont incapables de comprendre la beauté morale et jugent les hommes en les jaugeant par leur luxe apparent et leur degré de solvabilité. Ceux-là, si nombreux qu'ils soient, n'ont aucune importance, car l'art n'est pas pour eux. Ils peuvent bien acheter d'authentiques faux pour décorer leurs appartements et aller bâiller ou dormir dans des concerts chics en écoutant ce qui devient pour eux de la musique de chambre ; les romans d'art pur ne leur sont point destinés. S'ils veulent lire pendant leurs digestions ou pour tuer l'ennui de leurs loisirs, qu'ils se contentent donc de prendre connaissance du journal quotidien où ils trouveront les détails les plus croustillants sur le dernier scandale, les faits divers les plus variés ; et, en bonne page, les cotes des valeurs en bourse et des denrées en stocks.

Mais dire que Maria Chapdelaine risque de faire le plus grand tort au Canada français, c'est qu'évidemment on ne s'entend plus sur la signification des mots. Ce serait laisser croire que l'essentiel dans la vie est de paraître "confortable", comme disent les Anglais, que la valeur morale des peuples et des individus est aujourd'hui sans importance. Ce serait supposer que la voix du Christ est impuissante à dominer le tumulte du siècle ; ce serait admettre la prédominance des forces matérielles sur les puissances spirituelles, la primauté de la force sur le droit, l'asservissement total de l'esprit par la matière. Ce qui étonne ce n'est pas que cette opinion ait été émise, c'est qu'elle l'ait été par quelques hommes qui croient avoir l'esprit chrétien, mais qui en réalité sont plus chrétiens par la lettre que par le cœur.

Plût à Dieu que les paysans de France eussent toujours été dépeints avec autant de sympathie que ceux du pays de Québec! Sans parler des types dégradés, décrits par Zola, il y aurait long à dire sur le tort fait aux ruraux de France et en définitive à la France par les romanciers, y compris ceux qui comme Guy de Maupassant ont le plus de génie. Que de rouerie, que de roublardise, que de malice ; et, au total que de coquinerie ! Beaucoup sont peut-être physiquement plus propres et matériellement mieux installés que ceux de *La Terre*, mais moralement ils ne valent pas mieux. Sous prétexte d'art réaliste, toute une école n'a décrit de ces hommes que ce qui pouvait les diminuer ou les salir. Cependant, pour ceux qui les connaissent, que de solides qualités !

Voyez ceux de Québec. Louis Hémon les a en quelque sort idéalisés. Il nous présente une race neuve et forte qui donne aux chagrins et aux misères de la vie leur exacte valeur. Rien chez eux ne révèle la lassitude ou la morbidité des citadins. Parmi eux, aucun de ces détraqués dont les auteurs se sont plu à encombrer la littérature française. Pour ces paysans la vie est un hymne au travail, à la famille, en un mot, à la vie, à la vie saine des champs. Appli-qués à leur tâche quotidienne, ils donnent, d'un bout à l'autre de leur vie, toute leur force au sol qui les fait vivre et à la famille qui accroîtra leur puissance avec leurs possibilités. Imprégnés par la foi, ils demandent à Dieu secours et bénédiction. Là où ils s'installent, ils édifient d'abord une église et non pas un "bar saloon", Louis Hémon ne touche pas à ce qu'on appelle les affaires. Entre ses personnages il n'est question ni de lots, ni d'héritages, ni de par-tages, ni de commerce, ni d'aucune de ces tran-sactions où même les plus purs se ternissent un peu. Ce ne sont pas ces paysans-là qui, attirés par l'or déserteraient le patrimoine familial et s'en iraient vers la terre qui paye, courir les pires aventures. Fils du bon laboureur de La Fontaine, ils savent que leur trésor n'est pas dans les alluvions des Klondykes lointains, mais dans la bonne et vieille terre à laquelle ils semblent noués et qu'infatigablement ils retournent chaque saison.

Il n'y a pas, a-t-on maintes fois répété, que des bûcherons et des "habitants" au pays de Québec. Il n'y a pas que des cabanes de bois naufragées dans la forêt. Non, certes. Il y a des villes, il y a de très grandes villes. Tout le monde le sait, puisque les plus élémentaires manuels de géographie en dénombrent plus ou moins exactement la population. Louis Hémon était de taille à en donner des descriptions aussi exactes que somptueuses. A-t-on oublié qu'il s'est vite lassé de Montréal où il n'a vu qu'une ville semblable aux métropoles qu'il connaissait déjà?

Le médecin a paru fruste et de peu de science. Celui-ci est petit-fils et fils de cultivateurs, il a vécu toute sa vie au milieu d'eux et il a conservé leurs manières. Espérait-on trouver parmi ces villageois un médecin de la ville aux allures plus distinguées? Au lieu de reprocher à celui-ci ses façons un peu lourdes, nous devons le féliciter au contraire de n'avoir pas cédé au snobisme, en acquérant à l'Université, par son contact avec des étudiants plus affinés, des allures qui eussent paru déplacées au milieu de sa rustique clientèle.

Son diagnostic est hésitant? Voulait-on que ce médecin fît exception et que sa science fût une magie? Dans un hôpital, soumise à l'examen des maîtres de la médecine, la mère Chapdelaine eût été mise en observation et peut-être le verdict médical n'eût été rendu que plusieurs jours après. Aurait-on voulu que ce médecin, dont le temps est compté, se prononçât en un instant? Espérait-on qu'il guérît la malade et que son succès donnât du même coup l'impression du grand savoir de tous les médecins du pays? Heureuse mère Chapdelaine, heureux pays d'où la fatalité de la mort serait écartée! Trouve-t-on que les explications données à la famille sont par trop simples et va-t-on le blâmer de ne point faire montre de science devant ces pauvres gens désolés qui attendent un résultat et non pas de discours? Dans quelle contrée les médecins ont-ils l'habitude d'étaler devant les intimes du malade la complexe érudition des traités de pathologie?

A les examiner de près, les objections à la fidélité du portrait ne tiennent pas. Le médecin reste bien l'homme qu'on s'attendait à trouver en pareille circonstance, un homme dévoué, d'allure et de mœurs semblables à ceux parmi lesquels il vit et qui bien simplement remplit du mieux qu'il peut les devoirs de sa tâche.

La science officielle reconnue impuissante, les paysans en appellent à la magie. Après le médecin voici le remmancheur. Après les forces naturelles, les surnaturelles. Dans quel pays, chez quels hommes, dans quelle classe de la société, en est-il autrement? Quand la raison s'en va, le sentiment arrive; et quand on désespère on espère toujours. On espère dans l'inconnu, dans le mystère, dans le mystère épais, insondable et impénétrable qui nous enserre ; dans les forces occultes enfermées là et que les mots cabalistiques, les sorcelleries et les incantations ont le pouvoir de libérer. Dans tous les pays du monde il y a, en marge des officiels, des hommes étranges qui exercent parmi la foule leur pouvoir de guérisseurs. Tit-Sèbe de Saint-Félicien était de ceux-là. Dans la région du lac Saint-Jean où il vécut, il a laissé le souvenir d'un véritable apôtre.

Cet homme simple qui secourt ses semblables est entouré du prestige de l'honnête homme et auréolé d'une réputation riche de guérisons déclarées impossibles. Il a guéri bien du monde, mais devant le mal de la mère Chapdelaine il déclare qu'il ne peut rien, et résigné comme un bon chrétien il ajoute : "Si le bon Dieu veut, elle va mourir." Puisque sa science à lui, comme celle de l'autre, est impuissante à porter secours, il s'inquiète de savoir si le curé va venir. Le curé qui apporte avec lui "à travers la rivière torrentielle du printemps, sur la glace traîtresse, par les mauvais chemins emplis de neige, en face du "norouâ cruel" [226] la puissance de ses miracles, "le contentement d'une promesse auguste qui dissipe le brouillard redoutable de la mort". [228]

Le curé! Parce que "sous sa soutane il y avait un homme de la terre" et que "ses mains dispensatrices de pardon étaient des mains de laboureur" [109] quelques critiques ont cru découvrir sous les traits de Louis Hémon une silhouette peu sympathique, en tout cas, un peu trop fruste. Il faut vraiment avoir perdu la notion du mot chrétien pour consi- dérer comme injure ou malveillance le fait de voir dans le même homme le prêtre et le laboureur. Dans ce cas, que devons-nous penser des Trappistes en général et de ceux de Mistassini en particulier, qui, dans la région du lac Saint-Jean, ont pendant plus d'un quart de siècle sans jamais défaillir uni dans un même apostolat la mission du prêtre à celle du défricheur! Que devons-nous penser de ces curés de France qui, dans certaines paroisses trop pauvres, consacrent la première moitié de la journée à leur sacerdoce et acceptent, pendant la seconde, de tra- vailler la terre, non pas leur jardin ou leur lopin à eux, mais le champ d'un patron étranger qui les engage et qui les paye. S'attendait-on à trouver à la bordure du monde habité un abbé de catalogue ou encore un abbé de salon, musqué et poudré comme en produisit le XVIIIe siècle français? Non, n'est-ce pas. Son double sacerdoce de prêtre et de laboureur ne grandit-il pas au contraire son âme droite et saine?

Lui reproche-t-on sa rudesse envers Maria? Maria n'est pas venue à lui, c'est son père qui l'a amenée. Elle n'a rien à confesser puisqu'elle n'a point péché. Elle a de la peine, voilà tout. Ignorant les subtilités du cœur et inconscient du chagrin de la jeune fille, n'ayant pas à absoudre, il oublie de consoler. Il ordonne un peu durement peut-être, mais il ordonne avec cette assurance des âmes droites qui, n'ayant jamais failli, ne comprennent qu'une chose : l'absolu de la morale.

S'il eût été apte à conseiller, c'est lui tout seul, qui, auprès de la morte, aurait montré à Maria le chemin du devoir. Louis Hémon ne l'a pas voulu. Le prêtre a le droit de parler certes; c'est bien lui qui aux heures difficiles à l'abri de l'église a sauvé la race; mais la voix de Québec "plus grande que les autres", cette voix qui est à "moitié chant de femme et moitié chant de prêtre", Louis Hémon a voulu mêler dans la même harmonie la voix de ceux qui guident les hommes à la voix de celles qui les enfantent, les voix priantes aux voix berceuses, l'humaine voix à la divine.

Pourquoi prolonger d'interminables controverses? Il ne s'agit pas de savoir si les types de Louis Hémon sont ressemblants ou non, s'ils sont vrais ou faux, copiés ou inventés, si les Chapdelaine sont les Bédard, si François Paradis a existé et si Maria, fiancée inconsolable, a voulu prendre le voile dans un couvent de Québec, ou si, cessant de renvoyer ses prétendants au printemps d'après ce printemps-ci, elle "a marié" un quelconque Gagnon du voisinage. Ces questions pourraient bien être posées à propos d'un roman à clé, mais en la circonstance elles paraissent vaines. Le critique a le devoir de s'informer dans quelle mesure l'auteur a copié le vrai; mais il s'égarerait dans le potin et le commérage s'il ne limitait pas son enquête à l'essentiel. Bédard comme sa belle-sœur Eva Bouchard nous intéressent dans la mesure où ils fournirent à Louis Hémon les éléments d'une synthèse. Moins ils se calquent sur la réalité matérielle, mieux apparaît le dessein de l'auteur de dresser des symboles. A quelle distance le calque fut-il dessiné, c'est tout le problème. Il y a entre les personnages du roman et ceux du réel toute la différence du récit au rapport, toute la distance de l'art à la réalité, tout l'écart du mot à l'idée, toute la supériorité de l'esprit sur la lettre, toute la prédominance d'une loi générale sur un fait particulier, toute la prééminence du symbole sur les individus.

Il ne s'agit pas de savoir non plus si les Chapdelaine sont tout le Canada français pas plus qu'on ne s'est préoccupé de savoir si les Baudoche étaient toute la Lorraine. Ces femmes, dont la vie humble s'harmonise avec des souvenirs, sont un point de la résistance française à l'assimilation. Elles sont un exemple. Autour d'elles, quelques-unes peuvent servir le vainqueur, d'autres peuvent commercer avec lui. Elles, elles ne connaissent ni les compromissions créées par des capitaux engagés dans des affaires communes, ni les basses flatteries à un idéal qui n'est pas le leur. Ce qui leur donne une valeur, c'est ce capital de forces morales qui leur permet d'accomplir un devoir tout en restant fidèles à une tradition; car, incapables de céder à d'insidieux raisonnements, elles savent "que le temps écoulé ne fait pas une excuse".

Comme aujourd'hui on dit "au pays de Colette Baudoche", demain on dira "au pays de Maria Chapdelaine"; et cette expression n'évoquera pas seulement les comtés lointains perdus dans la solitude du nord, mais un vaste pays aux larges horizons, dompté par la vaillance d'une race restée digne du pays glorieux qui lui donna son sang.

LE ROMAN ET LA PUBLICITÉ

On a dit fort justement que les poètes et les écrivains créaient la beauté des paysages. Par la vertu des mots ils les animent de leurs visions et les parent de leurs sentiments. Ainsi tel paysage, devant lequel des foules innombrables ont passé sans jamais discerner un motif d'admirer, prend tout à coup sous la baguette du verbe une valeur inestimable. Va-t-on conclure que désormais la réputation d'un pays est fonction de la publicité que lui feront ses écrivains, non pas tant par la valeur intrinsèquement artistique de leurs œuvres que par l'étalage des richesses qu'ils décriront? L'art n'était point encore déchu à d'aussi basses utilités. Est-ce parce qu'on ne lui avait pas encore révélé cette possibilité? Ou bien les artistes s'étaient-ils jusqu'ici refusés à servir les marchands? Peut-être.

A qui voulait se renseigner il suffisait, jusqu'à présent, de consulter les statistiques officielles du commerce et de l'industrie; aux moins exigeants de regarder, surtout depuis la guerre, la cote des changes, pour y apprécier les variations du flux et du reflux de la fortune des peuples. Quelques colonnes de chiffres sur les tableaux noirs de la Bourse en disaient bien plus long que les plus longs poèmes. Quand il s'agissait de se tailler une belle réclame, ne tirait-on point tout le parti possible des expositions fixes ou roulantes? La Renommée aux cent bouches n'erre plus dans le ciel avec sa longue et insuffisante trompette. Aujourd'hui, il lui suffit d'un fil tendu entre deux antennes pour s'élancer, comme l'onde, la flèche ou le canard, par delà l'océan. Jusqu'à maintenant, faire connaître ses ressources était affaire de hauts parleurs et non d'écrivain; vouloir faire connaître sa richesse partait d'un sentiment de nouveau riche et non d'un riche sentiment; et révéler à tous sa propre avance dans la voie du progrès était moins l'affaire de la littérature que celle du journal, du catalogue et de la radio.

Que les temps sont changés! Personne n'avait jamais songé sérieusement à utiliser la littérature pour des fins de publicité. Qui nous dit, après tout, qu'il n'y a pas là une orientation fertile en profits pour tous les genres littéraires? Déjà de ridicules poètes étalaient dans les journaux des quatrains mirlitonesques pour annoncer un chocolat, une médecine ou un fard. Que serait-ce, lorsque les plus authentiques blasonnés de la noblesse des lettres voudront bien composer poèmes et romans pour célébrer en vers classiques ou en prose futuriste l'excellence d'un produit ou les beautés d'un site! Après avoir bégayé dans cet état d'enfance et d'imprécision qui la firent considérer comme un art, la publicité, devenue une science aux méthodes et aux buts parfaitement définis, achèvera-t-elle son évolution en prenant place parmi les beaux-arts? Qui pourrait dès maintenant affirmer le contraire? Après les romans de cape et d'épée et les romans de sports et de police, voici les romans d'amour et d'affaires. Les premiers furent écrits pour les cœurs, les seconds pour les muscles et les troisièmes pour la caisse.

Le roman de Maria Chapdelaine est irrémédiablement écrit et personne n'y peut rien changer. Mais ce que le roman n'a pu réaliser, le cinéma peut le faire. En un temps où il existe plus de gens pour lire les ombres fuyantes du cinéma que les

caractères fixés sur un livre, le septième art offre, à
ceux qui croient que Maria Chapdelaine ne "fait
pas assez riche", un moyen efficace de prendre leur
revanche.

Voici d'ailleurs annoncée la venue d'opérateurs
armés de moulins à café mécanisés pour noircir
des rubans de gélatine en face des sites canadiens,
Sans souci de la nature grandiose qui encadre le
miroir d'eau du lac Saint-Jean, ils auront probablement, pour éviter le séjour d'hiver, à leurs yeux
détestable, tourné quelque part en Europe des
paysages de neige. Comme il y a noir et noir, bleu
et bleu, il y a blanc et blanc. Est-ce leur faute si
le blanc de Suisse a même nuance que le blanc du
Canada? Dépense moindre; profit égal : comment
hésiter ? Ils savent bien que la vision des foules
ignorantes n'est point apte à saisir de si minces
nuances.

D'autre part, la compagnie a très certainement
entendu les doléances de ceux qui voient dans
Maria Chapdelaine une œuvre fâcheuse au bon
renom du Canada. Si vous voulez que votre film ait
du succès, leur a-t-on dit, effacez ce qu'il y a de gris
dans cette histoire et profitez de l'occasion pour
révéler au monde le Dominion, tel qu'il est devenu
sous l'administration de sa riche belle-mère l'Angleterre; et au voisinage de sa richissime belle-sœur
la République Américaine.

Qu'à cela ne tienne, ont répondu unanimement les tourneurs de gélatine. Il serait d'abord bien facile de changer le sujet un peu monotone en une intrigue plus romanesque et plus mouvementée et de baptiser tout simplement du nom de Maria Chapdelaine une quelconque miss Yankee! Cependant le succès mondial de l'œuvre nous force, dans notre propre intérêt, à répéter l'essentiel du récit et à situer les personnages dans les régions où Hémon les a placés. Dans ces conditions, nous n'avons plus qu'à l'adapter au goût du jour, avec les dernières nouveautés de la mode et les derniers progrès du confort. Autrement dit, pour assurer au film un succès encore plus prodigieux que celui du roman et pour faire la plus belle réclame au Canada, il nous faut réaliser une Maria Chapdelaine "up-to-date".

D'abord, au début du roman, Maria Chapdelaine n'arrivera pas de cette petite paroisse de rien du tout qui s'appelle Saint-Prime, mais de Québec. Au lieu de la rencontrer de retour de vacances, pourquoi ne pas la montrer en vacances? Ne serait-ce pas beaucoup plus scénique? Belle occasion, n'est-ce pas, de filmer une sortie de messe devant la plus « chic » des églises de Québec! Beau prétexte à montrer les "rangs doubles" d'automobiles aux bords des trottoirs, et les belles toilettes ultra élégantes des jolies femmes de la paroisse. Nous assisterions à de brillantes réceptions dans les salons les plus huppés de la ville, et on n'hésitera pas à nous montrer une Maria Chapdelaine élégante, coquette, poudrée et fardée comme un arc-en-ciel, fêtée aux thés et aux danses du Château-Frontenac. Pourvu, mon Dieu, qu'on ne pousse pas l'audace jusqu'à la montrer disputant à des Américaines en culotte le triomphe d'un concours de ski!

Ce serait aussi le temps de montrer la vieille cité historique et le fleuve. Toutefois, pour être sensible au charme d'une cité historique, il faut comprendre l'histoire; et qui, parmi tous ces badauds d'Europe et d'ailleurs, dont la tête est farcie d'histoires, connaît l'Histoire, l'histoire de Québec? Quant au fleuve, il n'étale d'autre richesse que sa beauté; et la beauté, pour un fleuve, c'est encore quelque chose qui ne paie pas. Aussi vaut-il mieux lui tourner le dos et "tourner" la terrasse, non pas la terrasse dominant un paysage grandiose, aux limites si lointaines qu'elles demeurent imprécises, si exhaussée qu'elle semble élever l'homme avec ses pensées, si prodigieusement aérienne qu'elle a plus l'air d'une nacelle de dirigeable que d'un pont de navire, si exaltée qu'elle donne le vertige; mais la terrasse de planches où vont et viennent automatiquement, comme sur le mail d'une petite ville de la province française, les toilettes des jeunes filles, l'audace un peu inquiète des jeunes garçons et la sagesse des retraités.

Le père Chapdelaine viendra à la rencontre de sa fille jusqu'à Roberval qui fut, au temps de Hémon, le terminus des "chars". La paroisse est fort jolie; et, à défaut d'une belle église, il sera avantageux d'en montrer les belles bâtisses de pierres grises et de granit rouge qui se rangent avec les résidences de chaque côté de la rue principale. Le traîneau hippomobile traîné par "Charles-Eugène" sera remplacé par une Ford. Pour un colon qui vit sur sa terre, loin des moyens de communications rapides, une automobile Ford paraît un minimum.

La famille Chapdelaine n'habitera plus une cabane perdue dans le bois, dont la seule situation risque d'impressionner défavorablement l'étranger, mais un "bungalow", lambrissé pierres, comme disent les maçons, sis aux lisières même de Péribonka, de Péribonka dont le nom sauvage fait tout à fait bien, de Péribonka qu'il faut à tout prix respecter pour que rien, dans le film, ne finisse par ne ressembler en rien au roman. Il est bien entendu que le public bon enfant n'est pas très exigeant quand il s'agit d'adaptation à la scène ou à l'écran; tout de même si, à la porte d'entrée, le panneau-réclame annonce Maria Chapdelaine, il voudra lire les noms des personnages connus et voir les sites déjà verbalement décrits. Ce sont là de trop pauvres exigences pour ne pas les respecter.

A l'intérieur, la maison sera tout ce qu'il y a de confortable. On y verra une vaste cuisine pourvue des fournaises et des fourneaux les plus scienti-fiques, de belles et confortables chambres, et l'indis-pensable salle de bain apparaîtra équipée des appareils les plus modernes d'hydrothérapie et d'hygiène. Le salon ou vivoir sera meublé avec goût; sur les tables s'étaleront magazines et revues à la mode, et l' "Illustration" n'y manquera pas. Un piano de fabrication américaine permettra, même s'il est mécanique, de supposer qu'on connaît la musique; en tous cas, le gramophone nasillant des airs de *Phi-Phi*, de *Mon homme* ou le fox-trot à succès *Yes, we have no bananas*, confirmera qu'on aime le rythme, la danse et le bruit. Enfin, pour terminer cet ensemble bien propre à montrer que, même loin dans la campagne, on est en mesure de suivre le mouvement mondial et de s'agiter tout comme les gens des métropoles, l'entonnoir d'un haut-parleur, pareil à une corde d'abondance de sons, révélera, si on ne l'a vue du dehors, qu'une antenne cherche par-dessus le toit à capter les ondes errantes venues de Montréal, de New-York ou de Glasgow.

Le jeune premier, François Paradis, sera dans la fourrure, pour parler comme le commerce. Nous

ne le verrons pas errant dans les bois et les brûlés
emplis de neige, le visage cinglé par le vent, aveuglé
par la poudrerie et les pieds engagés dans des
raquettes sauvages. Non. Mais habillé à la dernière
mode de New-York, on nous le montrera dans une
Rolls-Royce armoriée de sa marque de commerce.
S'il se tue, c'est que, trop pressé de revoir sa blonde,
son impatience aura lancé, en troisième vitesse, sa
voiture au fond d'un précipice.

Surprenant, lui, sera commerçant dans les États.
Avant de monter au lac Saint-Jean, il s'arrêtera
"pour affaire" à Montréal, la ville aux cinq cents
clochers et aux mille banques. Occasion unique de
montrer les gratte-ciel, les hautes tours des éléva-
teurs à grains, les aménagements du port et les
richesses des banques, ces temples de l'or, qui sym-
boliquement sur la place d'Armes sous le commandement de Chomedey de Maisonneuve menacent d'in-
vestir le temple de Notre-Dame.

Gagnon sera le riche fermier célibataire. Une
visite à travers son exploitation nous permettra
d'admirer les plus modernes perfectionnements de la
technique aratoire. Herses, semoirs, faucheuses,
moissonneuses et faneuses seront du dernier modèle
et les engrenages, pères de métamorphoses, seront
mus à l'électricité.

Quant à Maria, ce sera une bonne jeune fille
moderne, dotée de quelques solides qualités comme

fond et de charmants défauts comme parure. Dans sa vie, toilettes et manifestations sociales prendront le premier plan. Ce ne seront que randonnées en auto, excursions en canots, dîners et réceptions, danses, musique et radio. Nous la verrons se pâmer sur la photo de François Paradis; puis, au fur et à mesure qu'elle se consolera, écouter, de moins en moins éplorée, les propositions de Surprenant qui lui promet les joies de la ville avec ses théâtres et ses vues animées, et celles de Gagnon qui lui assure une vie confortable et paisible à la campagne avec radio pendant la veillée; et quand le blé se vendra bien, un voyage à Québec ou à New-York. Aura-t-elle une âme? C'est bien difficile de lui en donner une. Le ciné se prête mal à la psychologie. Une âme canadienne-française? C'est bien plus subtil encore. Alors, qui va-t-elle écouter? Qui va la guider? Quels mobiles supérieurs vont la déterminer? Les morts? C'est trop triste. Le pays de Québec? C'est bien vague. La langue? Le cinéphone serait ridicule. Comment entendre les voix? On arrangera ça très facilement. Un soir d'hiver, alors que Maria, hésitante encore, essaye de se distraire en syntonisant son radio avec celui d'un grand journal de Montréal, son père "la presse" de se décider. A ce moment, du cornet acoustique débouchera nasillarde et vibrante l'éloquence d'un député rouge ou bleu, défenseur du "droit", qui quelque part, au cours de sa campagne électorale à travers "le terroir", prêche "le devoir" envers "la patrie" et préconise, pour que chacun ait sa place au "soleil", contre la désertion des campagnes, "l'événement" du jour, une "action catholique" et "française".

C'est à la suite de ce discours troublant sur lequel elle aura l'air de méditer que, sans souci de vraisemblance dans le développement psychologique, Maria Chapdelaine, restée seule avec Gagnon venu veiller pour jouer au Mah-Jongh prendra sa décision. Il sera ensuite facile d'animer l'épilogue par le défilé de la noce, ou, chose plus touchante, par l'exhibition d'une maison avec quelques enfants!

Si avec un tel scénario, ceux dont le souci est de paraître riches ne sont pas satisfaits, c'est qu'en vérité ils sont bien difficiles.

Puisqu'il s'agit de conquérir le suffrage des foules et non celui des élites, puisqu'il importe de graviter selon la loi des masses et non selon les disciplines de la morale, puisqu'on veut à n'importe quel prix ressembler aux Yankees et être assimilés aux mercantis de Chicago, il faudra bien se résigner à quelques déchéances. Si aux yeux des autres peuples, le Canada n'apparaît plus désormais que comme le prolongement des États-Unis, ceux-là qui ne comprirent pas toute la valeur d'un peuple honnête n'auront qu'à dire un "mea culpa". Si, quand ils iront visiter les reliques d'Europe, on ne les traite

plus avec la sympathie évidente qui les entourait
autrefois, s'ils voient leurs hôtes plus préoccupés de
l'amaigrissement de leur portefeuille que du souci
de leur révéler un chef-d'œuvre, ils n'auront qu'à
s'en prendre à eux-mêmes, ils l'auront bien voulu.

Cependant, ceux-là mêmes qui pensent que
l'Amérique repue d'or et toujours affairée représente
un idéal accepté par tous, ignorent certainement
l'effort de l'élite américaine. Ces aristocrates de la
pensée et du cœur, secondés par les puissances de la
finance, qui entreprirent de stabiliser des foules
mouvantes, savent que rien ne se fait dans l'agitation
et que tout est possible avec le travail des hommes
appliqués. Les vertus sociales de la totalisation des
mérites individuels sont comme la forêt; seuls, les
siècles sont aptes à établir chaque arbre dans l'hu-
mus ou dans le roc. Pour permettre aux citoyens
déracinés d'acquérir la qualité des arbustes transplantés, il leur faut une terre stable. La permanence
des races comme la solidité des États ne sont pas
dans les éléments à la dérive, si nombreux qu'ils
soient, mais dans le cœur de l'homme accoté à un
champ. Soucieuse du bien général comme du perfectionnement de l'individu, l'élite américaine veut
stabiliser une masse migratrice, calmer une foule
agitée, créer un passé commun à tous ces êtres disparates amalgamés d'hier, donner un idéal spirituel
à un peuple avide de jouir.

Vainement, jusqu'ici, au-dessus des appétits individuels, elle s'est efforcée de créer une communauté de sentiments. Elle a bien distribué gratuitement les bienfaits d'une instruction élémentaire; mais le résultat le plus clair a été d'augmenter chez tous les chances d'asservissement par les quotidiens et les magazines. La Science, à cause de la mobilité de ses hypothèses et malgré ses résultats pratiques, s'est montrée inopérante. A cause de son caractère subjectif, l'Art n'a pas mieux réussi; et l'Histoire, si truquée soit-elle, n'est pas encore parvenue à déclencher des haines ni des enthousiasmes suffisamment tenaces pour exalter la nation.

A l'heure actuelle, si l'on ne veut pas voir le monde se suicider dans une folie agitante, le salut semble résider dans la religion, dans une religion qui n'est ni celle de l'Art, ni celle de la Science, ni celle de l'Humanité; mais dans la religion telle que l'ont comprise tous les siècles humains avant celui-ci. Il faudrait évangéliser. Tâche ingrate auprès de ceux que le bien-être et l'école ont gâtés.

Aussi, feront-ils bien de se résigner ceux-là qui, ignorant la valeur des vieilles civilisations ou n'en ayant pas encore compris le charme, croient que le règne du mufle est arrivé et que le culte du Veau d'or est désormais le seul possible.

Faire riche est bien, faire beau est peut-être mieux; mais faire le bien est certainement beaucoup mieux! Tout le monde n'est pas, Dieu merci, sensible aux seules beautés de l'argent. La beauté morale des individus et des peuples compte encore plus qu'on ne croit. La preuve en est dans le mépris qui atteint les nouveaux enrichis, et dans la déchéance morale où l'on tient les vendus. Conclusion : admirons "Maria Chapdelaine" pour tout ce qu'elle traduit de vertus séculaires et réjouissons-nous qu'un auteur ait grandi le mérite de ceux qui restent des pauvres.

Louis Hémon n'a pas voulu recommencer "la comédie humaine" avec la société canadienne et le pays de Québec. Il n'avait ni le goût ni l'intention d'entreprendre une étude où se seraient accumulés documents administratifs et renseignements statistiques, qui l'auraient conduit à étudier tous les types sociaux, depuis le défricheur jusqu'au financier lanceur d'affaires, en passant par les politiciens et les industriels. Un sujet qui reste encore à traiter, comme "Le Château Frontenac" où pendant plusieurs mois de l'année se condense la vie morale, sociale, économique, politique et financière de toute une Province ne l'eût point tenté. Ce qu'il a voulu, c'est fixer un point de la psychologie d'une race à un moment de son histoire.

Désormais, rien ne peut plus empêcher que dans l'avenir on lise encore la description du pays de Québec, telle qu'elle fut fixée sur la toile en l'an de grâce 1913 par un Français de France. "Maria Chapdelaine" reste une chose unique, et rien ne pourra modifier une œuvre dont les chances de survie résident dans la langue, le paysage et la psychologie. Parce que l'objet a plus de netteté que l'image et que l'image reste toujours moins nuancée que le mot, le cinéma, quelque scénario qu'il adopte, profanera cette œuvre. Il y a dans ce récit tant de finesse et tant de subtilités que, seule, la souplesse de la langue est capable de les envelopper. Si les tentatives faites pour porter l'œuvre à la scène n'ont pas réussi, c'est que ce récit renferme trop de choses intraduisibles; c'est qu'à vouloir le découper en plusieurs actes cependant bien définis, on en supprime les ombres, les reliefs et le charme; pour le schématiser on le dépoétise. Les phrases, si ployées soient-elles à l'expression des sentiments, ont besoin de la musique, et la musique seule pourrait traduire les silences de Maria, qu'un mot ou même un geste risqueraient de gâter.

Si, dans le grand naufrage des civilisations anciennes, les littératures sont parmi les choses qui ont le mieux surnagé, c'est parce que plus que les pierres des monuments, elles parlaient au cœur de l'homme. Celles de ces épaves qui, mieux que les autres, disent les aspirations de l'âme, sont aussi celles dont l'humaine mémoire s'est le mieux souvenue. Qu'on ne s'y trompe pas : le récit de Louis

Hémon n'est pas l'histoire d'une fille de paysan en
mal de mariage; ce n'est pas non plus l'histoire
d'une famille aberrante de défricheurs, pas plus
qu'elle n'est un memento du colon. Elle est mieux
qu'un conte d'amour; car elle est, dans une langue
impeccable, un point vrai de l'histoire d'une race.

MARIA CHAPDELAINE
ET COLETTE BAUDOCHE

Maria Chapdelaine et Colette Baudoche! Voilà évoquées deux jeunes filles dont les noms sont devenus des symboles. Si dans ce qui fut la Nouvelle-France, Maria Chapdelaine symbolise la fidélité à la race et l'attachement au sol; sur la terre meurtrie de la Lorraine aujourd'hui reconquise, Colette Baudoche restera le vivant symbole de la fidélité aux morts. L'une comme l'autre refusent de se laisser déraciner; l'une et l'autre ajoutent "au capital cornélien de la France". [6] Comme Maurice Barrès, Louis Hémon "a prouvé que le sujet le plus ample peut tenir avec toute sa force dans l'horizon le plus réduit".

Si le symbolisme de Colette Baudoche est apparu clairement, on peut dire que pour beaucoup celui de Maria Chapdelaine est resté très obscur. C'est que toute l'œuvre de Maurice Barrès est une œuvre symbolique, on pourrait presque dire symboliste. Depuis Philippe de la trilogie du Culte du Moi jus-qu'à Colette Baudoche, tous les héros de son œuvre si troublante ne sont que des symboles. Les Lorrains "déracinés" qui font "appel au soldat", comme l'Alsacien Ehrman "au service de l'Allemagne", sont aussi irréels que la petite Messine dont il n'a pas même dit qu'elle fût belle. Nous sommes ici dans l'idéologie, et personne n'a reproché à Maurice Barrès de ne pas avoir concrété, plus qu'il ne l'a fait, des personnages qui ne voulaient être que des idées. Taine et sa théorie de la race, du milieu et du moment, permettent une compréhension claire d'une œuvre philosophique qui a pris, pour mieux charmer, la forme du roman.

Il y aurait un long parallèle à établir entre Maurice Barrès et Louis Hémon, placés tous deux en face du même problème. Tous deux traduisent avec une simplicité, non dépourvue de grandeur, ce que chaque Français de France peut éprouver sur un champ de bataille de sa race.

Apparemment, il y a dans l'œuvre de Maurice Barrès plus d'idées et plus d'histoire; dans celle de Louis Hémon, plus de paysages et plus de sentiment. Chez le premier, prédominance marquée de l'atmosphère morale si nettement évidente que personne ne s'y est trompé; chez le second, prédominance du décor, prédominance peut-être exagérée au gré de certains, mais voulue pour mettre en relief les âmes et grandir le mérite. Chez l'un comme chez l'autre, même ardente et pieuse sympathie pour ceux qui, subissant les forces d'un destin hostile, s'emploient à leur résister.

Si nous mêlions certains passages de Colette Baudoche au texte de Maria Chapdelaine; ou mieux, si nous préfacions Maria Chapdelaine avec des paragraphes empruntés à Colette Baudoche, n'étaient quelques précisions géographiques ou ethniques et la facture des styles, beaucoup s'y tromperaient. Il suffirait de remplacer la Lorraine par le pays de Québec, la ville de Metz par la cité de Québec, les Allemands par les Américains; et tout serait encore également vrai. Quel que soit l'enchantement de son style, la phrase de Maurice Barrès, souvent heurtée et incisive, contrasterait avec la souplesse des périodes de Louis Hémon. Il y a chez

le premier plus de raideur et de dogmatisme, chez
le second plus de grâce et d'abandon; cependant
tous deux, également nuancés, donnent à leur récit
la note pathétique.

Quel Français qui l'a connu n'est tenté d'appli·
quer au vieux Québec ce que Maurice Barrès disait
de Metz : "Il n'y pas de ville qui se fasse aimer
mieux que Metz". [9] "Mais il faut comprendre que
Metz ne vise pas à plaire aux sens; elle séduit d'une
manière plus profonde : c'est une ville pour l'âme,
pour la vieille âme française, militaire et rurale". [10]
"Qui n'a pas connu, médité cette ville, ignore peut·
être la valeur d'une civilisation formée dans les
mœurs de l'agriculture et de la guerre". [11] Puis,
comme Louis Hémon à Québec, Maurice Barrès
parcourant le vieux Metz écrit ces lignes :

« Dans le réseau de ces rues étroites, où les vieux
noms sur les boutiques me donnent du plaisir, je
crois sentir la simplicité des anciennes mœurs polies
et ces vertus d'humilité, de dignité, qui, chez nos
pères, s'accordaient. J'y goûte la froideur salubre
des disciplines de jadis, mêlées d'humour et si
différentes de la contrainte prusienne. Un attendris·
sement nous gagne dans ces vieilles parties de Metz,
où dominent aujourd'hui les femmes et les enfants.
Elles avivent notre don de spiritualité. Elles nous
ramènent vers la France; et la France, là-bas, c'est
le synonyme le plus fréquent de l'idéal. Ceux qui

lui demeurent fidèles mettent un sentiment au-
dessus de leurs intérêts positifs. Si quelques-uns la
renient, c'est qu'ils sont asservis par des raisons
utilitaires et qu'ils sacrifient la part de la vie
morale."[18]

Analysant les actions des puissances matérielles,
manifestées par des bâtisses gigantesques ou des
maçonneries ridicules qui écrasent sous leur masse
une vieille ville de la province française, Maurice
Barrès écrit cette page qui pourrait aussi bien
traduire, sur le continent d'Amérique, les exubé-
rances anglo-saxonnes, dans une cité dont le berceau
fut français.

" Je ne dis pas que ces maisons petites, très
usagées, avec leurs volets commodes et parfois des
balcons en fer forgé, soient belles, mais elles ne
font pas rire d'elles. De simples gens ont construit
ces demeures à leur image, et voulant vivre paisiblement une vie messine, ils n'ont pas eu souci de
chercher des modèles dans tous les siècles et par
tous les climats. Voyez, au pied de l'Esplanade,
comme les honnêtes bâtiments de l'ancienne poudrerie, recouverts de grands arbres et baignés par
la Moselle, sont harmonieux, aimables. Tant de
mesure et de repos semble pauvre aux esthéticiens
allemands. Ce pays était épuré, décanté, je voudrais dire spiritualisé ; ils le troublent, le sur-
chargent, l'encombrent, ils y versent une lie. Le

faîte des maisons demeure encore français, mais peu à peu le rez-de-chaussée, les magasins se germanisent. A tout instant, on voit racler une façade, la jeter bas, puis appliquer sur la pauvre bâtisse éventrée une armature de fer, avec de grandes glaces où, le soir, des lampes électriques inonderont d'aveuglantes clartés des montagnes de cigares. L'ennui teuton commence à posséder Metz. Et pis que l'ennui, cette odeur avilissante de buffet, de bière aigrie, de laine mouillée et de pipe refroidie. »[16][17]

Une vieille civilisation où la vie intérieure tenait la plus grande place s'effrite et se désagrège sous les coups d'une agitation où la vie extérieure domine tout. Devant l'œuvre des vandales, vainement, les amoureux du passé se lamentent. Sous les violences des volontés brutales, leur sensibilité souffre et fléchit. Ce qu'ils voudraient sauver, c'est le patrimoine moral longtemps conservé par la méditation et protégé par l'isolement. Ce à quoi ils sont le plus sensibles, c'est aux vertus de leur race; et sur un terrain de combat où depuis longtemps elle subit les pires assauts, Maurice Barrès et Louis Hémon éprouvent un désir nouveau : avant de clore les yeux de leur idole, ils veulent en dire les mérites. L'emprise des forces et des richesses matérielles leur paraît méprisable; et ce à quoi ils s'attachent dans le grand naufrage, c'est à l'analyse des âmes dont la nef portait un idéal. S'ils s'attristent, c'est qu'ils ont un cœur pitoyable façonné par des siècles de christianisme. Ils savent la force de l'exemple; et ce qu'ils veulent le plus, c'est proposer à l'admiration de tous, une vertu qui ne sait pas déchoir.

Autrefois, de vastes et solides demeures de pierre défiaient les rigueurs des saisons et les outrages du temps. A la même place, chaque génération, animée du souci d'ajouter quelque chose au patrimoine ancestral, succédait à la génération précédente. Les familles conservaient les traditions; et les individus apportaient un soin scrupuleux à sculpter dans la pierre, par ce fait enrichie, un motif nouveau de durer et d'admirer. En ces temps pas encore lointains, la rue n'était guère qu'une frontière née au hasard des rencontres, un passage, souvent un dépotoir où nul ne s'attardait.

Aujourd'hui, la rue a pris l'espace des demeures. La rue où tout passe, où tout s'étale, où tout s'agite reçoit le flot humain à la dérive. Chassé des maisons de béton ou de carton, si sonores que l'intimité y est irréalisable, si mesquines que la vie familiale y est impossible, malgré le papier peint, le gaz et l'électricité, malgré le fil du téléphone qui le ficelle à ses semblables, l'homme, comme le papillon, va vers la lumière éblouissante et insolente de la rue, vers la lumière qui éclaire toutes les grossièretés de la mangeaille, toutes les sottises de la mode, toutes les tentations des bars, des music-halls, des cinémas; en un mot, vers la lumière aveuglante et trompeuse qui exhibe toutes les débauches et toutes les impudences.

Journaux, magazines, cinémas et radios impriment de plus en plus profondément dans la cire molle des cerveaux les idées les plus plates, les plus banales et les plus vulgaires. La suggestion fait son œuvre; et la contagion mentale progresse avec une vitesse qu'on désespère de ralentir. Encore quelques décades et tout sera partout pareil. D'un mouvement uniformément accéléré, le monde va vers le nivellement des hommes et l'asservissement des âmes; vers l'état de l'étable confortable et aseptique, ou vers celui de la ruche communiste. Là, l'intelligence sera ruinée, la vie spirituelle bannie et les instincts seront maîtres. Que ces instincts soient mécanisés ou disciplinés par les servitudes imposées, ou libres de s'épanouir dans le cadre d'une vie sociale où l'égoïsme individuel sera la règle, l'état nouveau contrastera étrangement avec ce qui fut le passé. C'est pourquoi ceux qui voient mourir les vieilles choses, les regrettent et se lamentent.

N'en fut-il pas toujours ainsi, et à quoi bon gémir puisque le fatal s'accomplira... fatalement ? Vivre, au sens que certains barbares donnent à ce mot, s'oppose à rêver. Les civilisations où la vie de l'âme devient prépondérante tendent, par la religion, la philosophie, l'art, en un mot par tout ce qui ennoblit l'homme, à réaliser sur la terre un état paradisiaque de contemplation et d'extase. Désormais ces civilisations si hautement spiritualisées ne vivent plus que pour alimenter leur rêve. Et, glissant peu à peu dans la douceur des brumes, voici la somnolence, puis l'engourdissement, puis le sommeil, puis les lourdes léthargies, mères des ankyloses.

Boum! boum! Voici le canon et les camelotes qu'il exporte et qu'il escorte! Voici les marchands flanqués de soldats! Voici le Progrès! Bon gré, mal gré, il faut s'intéresser au vain et à l'inutile, acheter des objets dont on s'est passé pendant des siècles, compliquer la vie avec ses sentiments, perdre la claire notion de soi-même et se mêler aux autres. Adieu, passé plein de charmes. Adieu, les douces rêveries enveloppées d'harmonies! Place à l'agitation, à la trépidation et à la folie!

Les plus hautes spéculations de la Science ne servent plus qu'à des spéculations financières; et le laboratoire, où se poursuivaient les recherches désintéressées, devient une usine à fabriquer en série. Voici le règne des maisons sans fondations et sans fondements, des chimies nauséabondes et des cuisines synthétiques, des peintures sans sens

et des sculptures sans nom, des cinémas stupides
et des radios décousus, de la crème à la glace et de
la gomme à mâcher; le tout dominé par le tumulte
des trains, des autos, des sirènes et du jazz...

Réveillez-vous, civilisations millénaires de l'Egypte
et de l'Inde, avant que les rails n'aient pénétré
plus avant dans vos chairs. Cessez de rêver, vieux
pays d'Italie et de France, avant que les barbares
n'aient assassiné sur les parvis des temples les derniers de vos prêtres. Demain, il sera trop tard.
Tentez, si faire encore se peut, de réaliser l'heureux
mais subtil équilibre entre le rêve et l'action; car
demain les agités et les jouisseurs seront maîtres.
Le veau d'or trônera sur les tabernacles vides. Les
drapeaux ne porteront plus des devises d'honneur,
mais des formules de publicité. Les maximes
des sages auront disparu des vieilles pierres
grattées et badigeonnées ; quant aux vieux monuments, ils serviront d'appui aux panneaux branlants
de la réclame et contribueront, eux aussi, au
triomphe de la dernière devise de la vie: *business
uber alles!*

Nul ne songera au charme de l'amitié, à l'arôme
des roses, à la beauté des vers, à la douceur de
vivre, à la noblesse d'un présent prolongeant un
vieux passé.

Comme Maurice Barrès sur les fonds de la Lorraine battus par la vague allemande, Louis Hémon

observe les actions et les réactions du creuset américain. Là fondent toutes les races, se confondent toutes les langues, se mêlent toutes les religions, se dissolvent toutes les résistances morales, se réduisent tous les idéals, se libèrent tous les appétits. Le Français de France, que le flot amena jusqu'au bord de la cuve, se demande ce que deviennent, dans cette fonte totale, les parcelles du métal de sa race. Sont-elles réfractaires, où vont-elles, en se fondant au bizarre alliage, se laisser couler dans le moule Yankee? Devant le même problème de la disparition de la personnalité des individus et de la pureté des races, Maurice Barrès et Louis Hémon prennent une même attitude. Parce que des forces colossales entrent en action, il ne s'agit point pour eux de brosser une vaste fresque, mais simplement d'analyser une âme. Cette analyse ne sera ni un livre d'histoire, ni un traité de philosophie, ni un cours d'économie politique; ce sera plus un récit, qu'un roman; en tout cas ce ne sera point prétexte à étaler l'érudition. Après un grand naufrage, l'un et l'autre s'emploient à relever le point; et relever le point, c'est choisir quelques parties extrêmement limitées de l'espace pour tracer mathématiquement quelques coordonnées.

Devant la même tâche, ce sont les mêmes procédés : ils s'occupent des âmes et non des enveloppes. Hémon, comme Barrès, se tait sur la beauté physique de son héroïne. A peine quelques coups de crayon qui la marquent et permettent d'affirmer qu'elle n'est pas seulement un pur esprit. Ni intrigue, ni aventure. Ni l'un ni l'autre n'en sont fervents. Au milieu de tout un peuple occupé à résister de mille manières, ils choisissent un exemple, un seul.

Dès le début de son récit, Maurice Barrès a soin de bien marquer sa position.

« Bernardin de Saint-Pierre admire que le célèbre Poussin, quand il peignit le "Déluge", se soit borné à faire voir une famille qui lutte contre la catastrophe. Pas n'est besoin de grandes machines. A ceux qui liront le drame sans gloire dont une heureuse fortune m'a fait le confident, je crois que je rendrai sensible la position pathétique de la France, battue par la vague allemande sur les fonds de Lorraine. Mais il faut qu'on me laisse traiter chaque scène amplement, sereinement, sans hâte : d'autant qu'on ne gagnerait rien à passer au tableau suivant : je ne prépare aucune surprise et ne fais pas appel aux amateurs d'aventures. »[21]

A tous deux l'homme apparaît bien peu propre à synthétiser la race. Prompt aux enthousiasmes et aux découragements, idéaliste ou rêveur, voyant trop haut ou trop loin, rarement dans la réalité des événements, ne reste-t-il pas toujours asservi aux influences féminines ? Quelles que soient les tyrannies apparentes des administrations sociales, l'homme, fils de la femme, reste le serviteur plus ou moins conscient de la femme. Au berceau de ses bras, il s'éveille à la vie. Un pédant farci de grammaire peut bien lui apprendre le code de la syntaxe; mais qui, en le dorlotant, lui apprit du seul mouvement des lèvres et du son de la voix, le mécanisme verbal? Qui, tout simplement, jouant et babillant lui enseigna l'enchaînement logique des mots et le rythme harmonieux des phrases? Et ainsi de suite tout au long de l'existence. Presque toujours sans qu'on s'en doute, elle impose ses penchants, ses goûts, ses habitudes, sa volonté. Adversaire des politiques à longue échéance, être des réalisations immédiates, cachant sous des dehors versatiles une constance de vouloir rarement désarmée par le temps, la femme, toujours intuitive, va, le plus souvent sans hésitation, vers cette réalité des choses que l'intelligence de l'homme n'arrive pas toujours à découvrir.

Pour une race, elle est à la fois source de vie, gardienne et protectrice du foyer, conservatrice des traditions. Pour Barrès comme pour Hémon, mieux que la mère, à la fois présent et passé, la jeune fille, présent et futur, paraît en être le symbole; c'est pourquoi tous deux analysent leur héroïne à la minute dramatique où sa décision fixera l'avenir.

Maurice Barrès donne plus de vertu active à Colette Baudoche que Louis Hémon n'en donne à Maria Chapdelaine. Colette et la Lorraine opèrent sur le lourdeau venu de Kœnigsberg avec toutes les puissances de leurs charmes. Aucune passion ne guide cette jeune fille qui subit, avec grâce, les assauts de ce galant qui se dit professeur et veut être délicat. Une fois éteinte la grande flamme de l'amour qui l'eût attirée vers son destin, Maria Chapdelaine est plus passive. Sans mot dire, elle écoute les propositions de ses prétendants également amoureux, et elle attend. Elle est un silence immobile. Mais l'heure des décisions arrive. Il faut opter entre la sécurité dans la vie, offerte par de très estimables garçons, et le devoir commandé par la race et les morts.

Les morts! Quand, autour du cadavre à peine refroidi de la mère Chapdelaine, tous font l'éloge de la morte, Maria, avait l'intuition confuse "que ce récit d'une vie dure, bravement vécue, avait pour elle un sens profond et opportun, et qu'il contenait une leçon, si seulement elle pouvait comprendre".[242]

Qui va l'aider à comprendre? Dans un vieux pays comme Metz elle eût, comme Colette Baudoche, reçu la leçon, non seulement des hommes qui ne cèdent pas, mais encore des choses qui se souviennent. Là, dans ces provinces façonnées par plusieurs siècles de civilisation, le paysage est un livre d'histoire où les plus humbles peuvent lire. Un long passé de luttes a forgé le pays. Les champs comme les esprits se ressentent du patient labeur des siècles. Les clôtures, qui enferment les propriétés comme les demeures où s'écoulent les vies familiales, les édifices, qui témoignent d'un labeur collectif, comme les monuments qui symbolisent les activités sociales; tout cela compose un ensemble où palpite l'âme des générations disparues. Dans un pays où le climat est moins rude, où les exigences de la vie matérielle sont plus facilement satisfaites, la résistance morale peut être plus consciemment énergique, parce que les loisirs y créent des sensibilités plus vives et des intelligences plus souples. L'histoire s'imprime sur les arbres comme dans le sol, sur la pierre comme dans les livres. Cependant, Colette participe d'une culture qui ne doit rien aux livres, elles se soucie peu de savoir si les gens de Metz d'il y a mille ans gravitèrent dans l'orbite germanique, elle écoute son cœur et non pas la chronologie des annales. Le professeur qui la convoite s'étonne de voir "jaillir une source" lui qui "n'avait rencontré que des citernes."[67] Son "digne rôle" de vaincue "c'est d'épanouir quand même," "ses puissances et de les faire, au mieux, admirables, dussent-elles n'avoir aucun digne admirateur."[111]

Au jour où l'on fait "mémoire aux soldats français tombés dans les batailles sous Metz", [177] Colette à genoux entre son Allemand et sa grand'mère, subit en pleurant toutes les puissances de cette solennité. Elle ne leur oppose aucun raisonnement. Elle repose, elle baigne dans les grandes idées qui mettent en émoi tout le fond religieux de sa race. Elle écoute la voix des morts qui commandent sa conduite; "les morts se lèvent de leurs sillons, ils accourent des tragiques plateaux de Borny, de Gravelotte, Saint-Privat, Serrigny, Peltre et Ladon-champ. On les accueille avec vénération. Ils ont défendu la cité et la protègent encore; leur mémoire empêche qu'on méprise Metz". [177]

« La présence de ces ombres tutélaires dispose chacun à se remémorer l'histoire de son foyer. Celui-ci songe à ses parents dont la vieillesse fut désolée; cet autre à ses fils partis; et cet autre encore à sa fortune diminuée. Et le chef de la famille, s'adressant à son père disparu, murmure, "Vois, nous sommes tous là; et le plus jeune, que tu n'as pas connu, pense comme tu pensais. »[178]

« Ainsi chacun rêve à sa guise... Mais s'ils sont venus, ces Messins, dans la maison de l'Éternel, c'est d'instinct pour s'accoter à quelque chose qui ne meurt pas. Il leur faut une pensée qui les ras-semble et les rassure. Le prêtre donne lecture de l'Épitre. Admirable morceau de circonstance, car il raconte l'histoire des Macchabées, qui moururent en combattant pour leur pays et que Dieu accueillit, parce qu'ils avaient accepté le sommeil de la mort avec héroïsme. C'est le texte le plus ancien et le plus précis où s'affirme la doctrine de l'Église sur les morts. Une grande idée la commande, c'est qu'ils ressusciteront un jour... Honorons leurs reliques, puisqu'elles revivront; conduisons-nous de manière à leur plaire, puisqu'ils nous surveillent, et sachons qu'il dépend de nous d'abréger leurs peines. »

« Ces vieilles croyances communiquent à tout l'office des morts son caractère de tristesse douce et de mélancolie mêlée d'espérance. Une musique s'insinue dans les cœurs. Des appels incessants s'élèvent pour que des êtres chers obtiennent leur sommeil. Les traits rapides et pénétrants que le moyen âge appelait les larmes des saints, et ces vieilles cantilènes, qui faisaient pleurer Jean-Jacques à Saint-Sulpice, n'ont rien perdu de leur puissance pour défendre les âmes. Les regards ne peuvent se détacher des lumières du cercueil. Quoi! Cette douloureuse armée est devenue une centaine de vives flammes sur les fleurs d'un catafalque! *Vita mutatur, non tollitur,* chantera bientôt l'office. "Les morts ne sont plus comme nous, mais ils sont encore parmi nous". Quel repos, quelle plénitude apaisée!»

« Soudain, voici qu'au milieu de ces pensées

consolantes éclate le *Dies iræ*. Mélodie de crainte et de terreur, poème farouche, il surgit dans cet ensemble liturgique, si doux et si nuancé; il pro-phétise les jours de la colère à venir, mais en même temps il renouvelle les sombres semaines du siège. Son éclat aide cette messe à exprimer complète-ment ces âmes messines, dont les années ont pu calmer la surface, mais au fond desquelles subsiste la première horreur de la capitulation. »

« Jour de colère, jour de larmes... »

« Qui pourrait retenir ces fidèles de trouver un sens multiple et leur propre image sous la buée de ces proses? Depuis des siècles, chacun inter-prète les beaux accents latins. "Juge vengeur et juste, accordez-moi remise... Délivrez-nous du lac profond où nous avons glissé; délivrez-nous de la gueule du loin; que le Tartare ne nous absorbe pas; que nous ne tombions pas dans la nuit..." Cette nuit, pour les gens de Metz, signifie une dure vie sous le joug allemand, loin des douceurs et des lumières de la France; et pour eux, l'idée de résur-rection se double d'un rêve de revanche. Ils enri-chissent de tout leur patriotisme une liturgie déjà si pleine. »

« Une religion se recompose dans cette foule en deuil, une foi municipale et catholique. Ces Messins croient assister à la messe de leur civilisa-tion. Ils forment une communauté, liée par ses souvenirs et par ses plaintes, et chacun d'eux sent qu'il s'augmente de l'agrandissement de tous. » [178 à 181]

Les morts! Avec quelle funèbre majesté ils se lèvent pendant le saint sacrifice offert en leur honneur! Tous ceux qui tombèrent sur les champs de bataille dont les monuments, les chapelles et les ossuaires auréolent la ville, accourent pour peupler le vide du catafalque nimbé de la lueur des cierges. L'idée d'une mort héroïque subie dans la défaite vient se cristalliser un moment autour du dôme noir déposé dans la nef. La froide noblesse de ces voûtes d'où les chants retombent alourdis par l'écho, les prières récitées en commun dont le murmure monte et s'abaisse comme des soupirs avec un rythme de houle, tout le sombre apparat de la mort, toute la noire symphonie des draperies harmonisées avec les mineurs du plain-chant; tout cela forme un ensemble bien propre à impressionner une jeune fille venue là pour communier avec sa race et demander aux morts le chemin du devoir.

Les Morts! Maria Chapdelaine ignore le prestige grave de cette mise en scène si apte à spiritualiser les vivants. Elle n'a devant elle aucun de ces symboles vêtus de noir et couronnés de feu qui marquent sur les dalles d'une église le point géométrique où convergent les pensées. Sur le lit où sa mère expira, il y a un cadavre dans toute la réalité du mot et tout son cortège d'idées pitoyables.

Seules deux chandelles brûlent, symbolisant par la permanence de leurs feux la constance d'une prière et aussi la pérennité de la vie. C'est devant cette dépouille autour de laquelle deux vacillantes lumières animent des ombres, devant ces restes qu'il faudra enterrer demain au coin du bois, au milieu d'hommes attristés et désemparés, que Maria écoutera les voix de son destin.

Dans les deux cas, devant le cénotaphe vide comme auprès du cadavre froidi de la morte, accourent tous ceux qui, obscurément ou glorieusement héroïques, assurèrent la continuité d'une race. Les Morts! Les Morts! Les vivants viennent d'eux, les vivants sont pétris de leur chair; vivant dans leurs œuvres ils continuent leur œuvre; n'est-il pas juste qu'ils ne les trahissent point? Sœur déshéritée de Colette, mais peut-être plus héroïque, Maria, dans l'isolement le plus absolu, voudrait une aide pour résoudre un problème difficile. A cette abandonnée qui peut donner conseil?

Moins favorisée que Colette, elle n'a ni l'émotion, ni l'enthousiasme que donne dans une vieille cathédrale au milieu d'une foule recueillie, une cérémonie en l'honneur des morts. "Quand les cloches commencent à sonner et que les prêtres viennent se ranger autour du catafalque flamboyant"[183], Colette a essuyé une larme et son visage resplendit de force. "Colette reconnaît l'impossibilité de tran siger avec ces morts qui sont là présents".[183] Entre elle et M. Asmus, ce n'est pas une question personnelle, mais une question française. Elle se sent chargée d'une grande dignité, soulevée vers quelque chose de plus vaste, de plus haut et de plus constant que sa modeste personne".[184]

Maria, elle, est seule, moralement seule. Sous un climat rude où elle semble souffrir elle-même, la nature, incomplètement domptée, semble défier la persévérante ardeur des hommes vaillants. L'âme des hommes qui entoure. Maria est droite et simple, mais aucun sentiment très noble ne peut les guider. Passivement et obscurément, ils obéissent à leur destin et subissent sans geindre le poids des fatalités. Le prêtre qui console et qui conseille est loin, et on l'a représenté exceptionnellement dur. Quelle que soit l'âpre beauté de sa tâche, il ne discute pas. Il juge et ne conseille pas. Ah! qu'il y a loin de ce type décrit par Louis Hémon au directeur de conscience, sans cesse appliqué à adapter la vie mobile et changeante aux principes immuables et éternels de la morale : il ignore le chemin de velours. Le médecin lui aussi est loin, et puis il ne se doute pas, celui-là, quel guide il peut être, quelle influence morale il peut avoir. Il ne songe qu'à son métier, il oublie son sacerdoce.

Dans un grand centre, dans les milieux intellectuels de Montréal et de Québec, Maria eût souvent entendu des conversations, écouté des discours, lu des livres et des journaux où les élites expriment les droits, les devoirs et les espoirs de leur race. Peut-être eût-elle joué un rôle actif dans ces associations dont la mission nettement définie consiste à sauver la race en sauvant le souvenir. Là-haut sur un lambeau du sol, reclus dans la forêt, qui va parler? Qui va conseiller Maria, au moment où elle se demande : "Pourquoi rester là et tant peiner et tant souffrir? Pourquoi?" Au milieu des grands bois du Nord et des campagnes désolées, les élites qui, depuis bientôt deux siècles conseillent et guident une race, ne peuvent pas se faire entendre. Mais tous ceux qui ont peiné, tous ceux qui ont souffert et tous ceux qui sont morts pour la survivance de leur sang vont parler dans ces voix qui déchirent un silence nocturne.

Voix douces et miraculeuses, elles disent les charmes méconnus d'un pays grandiose et sévère, la douceur d'une langue bien plaisante à entendre, la majesté d'un culte pieusement conservé et aussi la grandeur farouche d'une patrie lentement conquise, puis lentement humanisée, où les champs ensoleillés ont pris la place du bois noir, où les hommes se sont ancrés au sol, aussi profondément que les arbres plongeant les tentacules de leurs racines jusque dans le cœur des morts!

Ces voix qui, dans la nuit, tandis que le ciel s'attriste sous l'averse, semblent sortir des lèvres de la morte pour dévoiler des secrets, comme les chants funèbres psalmodiés par la foule au cours de la cérémonie des morts, n'auront "pas été une excitation sans effet". Du fond de la conscience elles ont amené la décision qui, dans la réalité, de la vie, détermine un événement. "Je ne peux pas vous épouser", dira Colette à Asmus l'Allemand. "Je vous marierai au printemps, comme vous me l'avez demandé", dira Maria à Gagnon le Canadien, fixé au sol comme le grain dans le sillon.

Et le drame dénoué, la décision prise, leur destin s'accomplira.

L'INFLUENCE DE MARIA CHAPDELAINE

Classée dans la littérature d'art par la valeur de sa composition et la qualité de son style, cette œuvre probe et vertueuse a mieux servi le Canada que n'auraient pu le faire les livres d'histoire et les documents statistiques.

Quelques-uns ont pu se tromper sur l'intention de l'auteur. Le public, apte à comprendre la beauté grave et délicate de "Maria Chapdelaine", n'a pas été dupe. Si le côté réaliste de la peinture l'a frappé d'abord, il n'a pas tardé, en l'examinant mieux, à en discerner l'esprit. Au fur et à mesure qu'il appréciait l'exactitude du dessin, il a vu se libérer les âmes prisonnières; les barreaux du réel n'étaient pas assez gros pour l'empêcher de voir l'intérieur du cachot; et à travers le feuillage emmêlé, il a vu filtrer de lumineux symboles. Ainsi fut révélé au grand public de France le miracle de sa survivance lointaine.

Quand on écrira l'histoire des relations entre la France et le Canada, on expliquera mal toutes les manifestations sympathiques des dernières années, si on ne tient pas compte de "Maria Chapdelaine". Quelles que soient les influences politiques et économiques, elles restent d'un moindre poids que le simple récit de ce conte d'amour.

Avant la guerre, exception faite pour ceux qui avaient passé l'Atlantique, pour quelques éminences du clergé, et pour tous ceux à qui l'histoire servait de gagne-pain, les Français savaient bien peu de choses sur la Nouvelle-France. Du fond de leur mémoire émergeaient, vagues et confuses, les silhouettes des grands découvreurs, Cartier, Champlain, et plus près, plus claire et plus touchante, la figure expirante du marquis de Montcalm. Ce qu'étaient devenus les Français abandonnés là-bas? On ne le savait pas. On n'y pensait pas. De temps en temps, on voyait bien sur la couverture d'un livre pieux, la firme d'une librairie de Montréal ou de Québec; mais on pensait, bien faussement, d'ailleurs, au bénéfice d'une impression à l'étranger. Pour beaucoup, les romans de Fenimore Cooper remontaient à un autre âge et mouraient lentement dans de vieux souvenirs. Les Indiens n'étaient plus que des personnages de cirque et de cinéma. Bas-de-Cuir, s'il était encore de ce monde, travaillait les jambes protégées par des "leggins", à la construction d'un lointain chemin de fer; et on imaginait Œil-de-Perdrix, employé d'un marchand de grain, penchant sur le grand livre ses yeux hypermétropes encadrés de lunettes. La majorité considérait le Canada comme une annexe des États-Unis, une annexe riche sur laquelle l'Angleterre avait une hypothèque.

La guerre fut un premier enseignement. A tous, elle montra la puissance du Canada, l'héroïsme de son armée; à quelques privilégiés l'existence de soldats canadiens s'exprimant en français; cependant, pour le plus grand nombre, les héros de Courcelette et de Vimy restaient des soldats de l'empire britannique, au même titre que ceux venus de l'Australie.

Le livre de *Maria Chapdelaine* dont la couverture portait, avec un nom très français, une indication précise de la région où se développait le thème, fut une révélation. Si, dès les premières pages du récit, les aveugles n'ont pas reconnu le paysan de France; si les sourds n'ont pas entendu l'accent cher

aux campagnes françaises, tous ont compris le sens
de la "clameur auguste des orgues"[257] chantant
les charmes du pays de Québec. Les voix n'ont pas
seulement parlé à cette pauvre fille placée à un des
avant-postes de sa race, mais au cœur du vieux
pays de France. "Nous sommes venus il y a trois
cents ans et nous sommes restés" disent les morts
par la voix des femmes et par la voix des prêtres.
Et dans chaque foyer de la province française ainsi
préparée à recevoir la leçon, se réveillent les souvenirs.

Chacun sait désormais qu'il y a là-bas, sur la
terre d'Amérique, des hommes de sa race, dont il
parle la langue; et à côté des aventuriers avides de
dollars, des hommes de la terre avides d'idéal.
Dans chaque famille meurtrie ou ébranlée par la
guerre, on songe à la stabilité d'un pays lointain où
se conservent les trésors d'un passé héroïque, une
langue faite de douceur et de clarté et des traditions
épurées par des siècles chrétiens. Tous comprennent
maintenant que, plus ou moins tragiquement,
chaque Canadien-français a dû se trouver, au moins
une fois dans sa vie, dans la position pathétique
de Maria Chapdelaine; et pour eux le prodige de la
survivance française s'explique par la totalisation
des sacrifices de chaque individu. Le bourgeois
comme le paysan de France, l'homme comme la
femme dont le sommeil fut hanté du cauchemar de

l'aigle germain, savent ce que c'est que de défendre et la terre et la race ; ils ne pensent pas à l'état précaire où Hémon a placé ses héros, ils s'émeuvent au contraire en découvrant leur mérite. Ils savent, ceux-là qui ont combattu, le dénûment de l'avant-poste, et gardent leur mépris pour le riche embusqué que la gloire épouvante.

Ainsi, lentement, par-dessus les liens de la politique et les servitudes de l'administration, se crée autour de cette jeune fille, fée des bois au printemps, fée des neiges en hiver, une atmosphère favorable à la vie des sentiments. De chaque côté de l'Atlantique, quelle que soit sa hauteur dans le ciel, deux rameaux de même race tendent leurs frondes vers une même étoile. Tous deux se reconnaissent des ancêtres communs, et chacun d'eux s'enorgueillit du mérite de l'autre. Ainsi le souvenir renoue la chaîne brisée du temps, ainsi se rétablissent dans l'espace les liens d'un idéal commun. Quelle que soit sa position spirituelle, la fille adolescente rend hommage à la mère ; et la mère, blessée par de sanglantes luttes se réjouit du geste esquissé par l'enfant.

Les hommes de lettres du Canada, frappés par la valeur de l'œuvre, ont, non loin de l'église de Péribonka, dressé à Louis Hémon une stèle aussi simple que touchante. Est-il impossible, pour répondre à ce geste, d'élever quelque part, parmi

les récifs granitiques ou les falaises crayeuses des
côtes de la Manche, d'où partirent tant de colons
et tant d'apôtres, un monument symbolique? Ce
monument devrait être moins un hommage rendu
au génie d'un écrivain trop tôt disparu, qu'un témoignage de reconnaissance envers le Canada français.
Qui, maintenant, peut mieux incarner la fidélité à la
France que "Maria Chapdelaine"? Qui pourrait
mieux que cette enfant silencieuse, sacrifiant sa
part de bonheur terrestre à un idéal plus haut,
synthétiser sans colère et sans haine la longue
épopée des fleurs de lys et l'héroïque résistance
d'un peuple retranché dans les sillons? Ceux qui
depuis dix siècles luttent, les armes à la main, pour
conserver une patrie; ceux qui aux heures tragiques
de la guerre attendirent sous Verdun que le monde
se décidât à les aider à défendre un héritage
commun d'art et de pensée, se doivent d'honorer
les cinq générations qui sur les bords du Saint-Laurent mirent plus d'obstination à défendre une langue
entendue au berceau qu'ils n'en auraient dépensé
à conquérir la moderne Toison d'Or.

Car les voix qui parlèrent à Maria Chapdelaine
ne sont-elles pas celles qui parlèrent aux premiers
jours de la cession?

A cette heure critique où un courant d'émigration draine vers les Etats-Unis un peu de la sève
qui fait la force vive du pays de Québec, au moment

où le départ de quelques-uns risque d'affaiblir la force du groupe, voici que les voix qui fixèrent Maria Chapdelaine dans une clairière, aux avant-postes de la civilisation, se font entendre de nouveau. Ce ne sont plus les voix immatérielles qui, sur les ailes du vent troublèrent le silence nocturne des grandes solitudes pour dicter le devoir à une pauvre fille; ce sont les voix des élites dirigeantes, celles qui, depuis cent soixante ans, se firent entendre aux heures où la race courait un danger.

Que ce soit du haut de la chaire ou à la tribune du Parlement de Québec, que ce soit dans les journaux ou dans les livres, ces voix sont unanimes à proclamer la liberté des peuples, à fixer leur conduite. Gardiennes des traditions, les élites, en héritant d'un lourd tribut d'honneur, acceptèrent un devoir d'immenses sacrifices. Après avoir agi, le devoir aujourd'hui leur ordonne de parler.

Ce qu'elles disent ces voix? Comme à Maria Chapdelaine, elles disent le charme d'un pays jeune et riche et la douceur d'une langue harmonieuse et claire. Elles disent les vertus de ceux qui restent attachés au sol et la coupable faiblesse de ceux qui s'en vont. Elles disent qu'il ne s'agit pas d'aller au loin pour gagner plus d'argent, mais qu'il s'agit de rester sur place pour acquérir plus d'honneur; car l'honneur ne se mesure pas au volume du portefeuille, mais à la hauteur de l'âme et à la grandeur des sacrifices librement consentis. Quel poste pourrait donner plus d'honneur que celui où se fixèrent les aïeux, où ils acquirent leurs titres à notre reconnaissance? Comme l'oscillation de la fronde prélude à la montée de la pierre dans l'air, les oscillations des berceaux innombrables préludent à l'essor d'une race; vers un ciel idéal rien ne peut l'arrêter. Mais l'immobilité des tombes éternelles ne dicte-t-elle pas la volonté des morts? Pourquoi déserter un poste auquel ils ont donné le meilleur de leur vie? A ce poste il faut durer, à ce poste il faut persister, à ce poste il faudra peut-être encore souffrir "afin que dans plusieurs siècles encore le monde se tourne vers nous et dise : Ces gens sont d'une race qui ne sait pas mourir".

AU PAYS DE QUÉBEC
par Louis Hémon [1]

1. Copyright by Bernard Grasset.

DE LIVERPOOL A QUÉBEC

Au bureau de la ligne Allan, dans Cockspur Street, un employé présente les deux faces du dilemme d'une manière concise et frappante.

« Pour aller à Montréal, dit-il, vous avez le choix entre deux de nos services : celui de Liverpool et celui de Londres-Le Havre. Par Liverpool la traversée dure sept jours. Sur la ligne du Havre on mange à la française, avec du vin aux repas. La traversée dure treize jours. »

Pour un investigateur professionnel, le carnet à la main, à l'affût des généralisations faciles, c'était déjà là une occasion de contraste à établir, entre la hâte essentielle des Anglo-Saxons et l'indolence de nos compatriotes qui se résignent fort bien à faire la traversée sur un vieux bateau, et à y consacrer deux semaines, pourvu qu'ils puissent jusqu'à Montréal manger à la française, et lamper le Médoc deux fois par jour. Mais *après huit ans* de Londres les contrastes anglo-français ont perdu leur relief, et les généralisations ne semblent plus aussi faciles ni aussi sûres. Je n'ai songé qu'à peser le pour et le contre. Treize jours en mer, c'est tentant. Mais octobre s'avance déjà, et il est bon de se ménager quelques semaines pour arriver, une fois là-bas, avant que ne descende l'hiver — cet hiver canadien qu'on s'imagine si redoutable de loin. Je suis donc parti par Liverpool, quatre jours plus tard.

... Sept jours de mer. Bonne mer, pas assez houleuse pour être gênante, assez pour n'être point insipide. Donc peu de malades ou tout au moins peu de gens qui soient franchement malades ; un assez grand nombre, que l'appréhension bouleverse, conservent pendant toute cette semaine le teint curieusement verdâtre des inquiets, ou bien descendent gaillardement dans la salle à manger, le matin, gais et farauds, taquinent un œuf ou une assiettée de gruau, et remontent sur le pont sans attendre la fin du repas ; oh ! sans précipitation ; dignement ; mais en détournant des victuailles leurs narines qui palpitent, et jetant à leurs voisins de table quelque prétexte ingénieux.

Passagers de toutes sortes : pas mal de Canadiens qui ont passé l'été en Angleterre, et rentrent ; plusieurs jeunes Anglais qui font la traversée pour la première fois, envoyés par des maisons de commerce de leur pays, et quelques autres qui sont partis à l'aventure et bien que ce soit la mauvaise saison. Entre ces derniers un lien subtil semble s'établir. Ils se jaugent l'un l'autre à la dérobée et songent : « Celui-là a-t-il plus de chances que moi de réussir ? Combien d'argent peut-il avoir en poche ; c'est-à-dire : Combien de temps pourra-t-il attendre, sans avoir faim? — Et l'on note les contours des épaules et l'expression de la figure, à moitié fraternellement, à moitié en rival : — S'il ne trouve pas le travail qu'il veut, cet employé à poitrine plate, sera-t-il de taille à faire le travail qu'il trouvera ?

Car l'optimisme qui est en somme général parmi eux est des plus raisonnables. L'on n'en voit guère qui s'imaginent aller vers un Eldorado magnifique, d'où ils pourront revenir après très peu d'années pour vivre chez eux dans l'aisance. Ils espèrent évidemment réussir là mieux qu'en Angleterre, puisqu'ils sont partis ; mais ils se rendent compte aussi qu'ils y trouveront une lutte plus âpre, un climat beaucoup plus dur, et surtout cette atmosphère de cruauté simple d'un pays jeune qui est en marche et n'a guère le temps de s'arrêter pour plaindre et secourir ceux qui tombent en route, n'ayant pas réussi.

Ainsi tel d'entre eux qui a pu s'équiper amplement, payer son passage en seconde classe et garder encore quelques livres en poches a-t-il pourtant quelques minutes d'inquiétude de temps en temps. Installé sur le pont dans sa chaise longue, il regarde la longue houle monotone de l'Atlantique, et songe.

... — Nous ne sommes guère que trois ou quatre sur ce bateau-ci qui soyons partis à l'aventure. C'est la mauvaise saison... la mauvaise saison... — Et il essaie d'évaluer à peu près tous les « x » du problème ; — le froid de l'hiver qui vient ; le vrai grand froid qu'il ne connaît pas encore ; — les conditions de vie et de travail dans ce pays nouveau — les chances qu'il a de trouver de suite ou presque de suite un emploi qui le fasse vivre.

Des phrases des opuscules officiels sur l'émigration lui remontent à la mémoire... — « Les ouvriers agricoles et les artisans sont ceux qui doivent aller au Canada, et les seuls qui aient une certitude de réussite... Les hommes exerçant des professions libérales, les employés, etc... etc..., auraient tort d'émigrer... » — Les artisans et les paysans , il y en a sur ce bateau ; mais en troisième

classe ; ceux-là trouveront du travail sitôt débar-
qués, et n'ont aucun sujet d'inquiétude. L'homme
appartenant à une de ces diverses classes « qui
auraient tort d'émigrer », est au contraire en proie
à un malaise ; il se lève et va rejoindre d'autres
passagers qui n'en sont pas à leur premier voyage
pour leur demander un encouragement indirect.

Négligemment, il interroge : « Aviez-vous quelque
chose en vue, vous, quand vous avez traversé pour
la première fois ?

L'un répond « Oui ». Un autre dit — « Non...
mais c'était au printemps ; en ce moment c'est la
mauvaise saison, voyez-vous ! »

La mauvaise saison... Il n'est pas d'expression
plus décourageante ; et la silhouette du continent
dont on approche, silhouette contemplée si souvent
sur les cartes qu'elle se situalise automatiquement
lorsqu'on y songe, prend un aspect menaçant et
hostile. Tous les jeunes gens qui « auraient tort
d'émigrer », et qui ont émigré pourtant, s'efforcent
d'imaginer quelques-unes des rigueurs qui les
attendent ; ils passent en revue tous les métiers
divers qu'ils se croient capables d'exercer au besoin;
et ils finissent par se dire qu'ils « se débrouille-
ront bien », et par s'envelopper douillettement de
leur couverture de voyage, pour jouir pleinement de
ce qu'ils ont d'assuré : une demi-semaine encore de
confort, avec quatre copieux repas par jour qui

paraissent importants et précieux à l'approche de toute cette incertitude.

D'autres n'ont aucune espèce d'inquiétude ; ce sont ceux qui ne vont pas au Canada pour réussir, mais simplement pour leur vie « en long et en large » et voir quelque chose qu'ils n'ont pas encore vu. Ils ne s'inquiètent pas, parce que ce qui leur arrivera sera forcément quelque chose de neuf, et par conséquent de bienvenu.

A cinq jours de Liverpool, un brouillard épais descend sur la mer, et il commence à faire froid. Un des officiers du navire explique que nous sommes sous le vent du Labrador, et pour tous ceux des passagers qui en sont à leur première traversée, rien que ce nom « Labrador », semble faire encore descendre la température de plusieurs degrés.

Nous passerons trop loin de Terre-Neuve pour en voir la côte ; et nous ne croiserons pas d'icebergs non plus, car en cette saison ils ont déjà passé, s'en allant majestueusement vers le Sud, tout au long des mois d'été, fondant un peu tous les jours : un pèlerinage qui est aussi une sorte de lent suicide...

La première terre aperçue est donc l'île d'Anticosti.

En bon Français, j'ai toujours mis mon point d'honneur à ne connaître un peu la géographie que des pays par où j'ai passé. J'ignorais donc tout simplement l'existence de cette île, qui a pourtant plusieurs titres de gloire. Elle est à peu près de la taille de la Corse d'abord — et, au fait, d'où lui vient ce nom de consonance italienne? — Mais, surtout, elle appartient à M. Henri Menier.

La dynastie des chocolatiers s'est montrée infiniment plus moderne et plus avisée que celle des sucriers dans ses acquisitions de territoire. M. Menier n'a pas eu à occuper Anticosti de vive force, il s'est contenté de l'acheter; j'ignore à quel prix, mais vu les dimensions de ce lopin de terre, le mètre carré a dû lui revenir à peu de chose. Il ne s'est pas réduit à acquérir l'île, il y vient assez régulièrement dans son yacht pendant l'été. Anticosti reste naturellement partie du territoire canadien et ressort donc indirectement du trône britannique ; mais les pouvoirs d'un propriétaire sont vastes, et la légende dit que M. Menier a fait de son île une petite colonie franco-canadienne, d'où les gens de langue anglaise sont poliment exclus. Il y a installé des exploitations de forêts, quelques autres industries et il vient là en czar, lorsqu'il lui plaît, vivre quelques semaines au milieu de son bon peuple et chasser l'ours et le caribou.

Seulement — l'éternelle leçon de l'humilité — l'infiniment grand, financièrement et territorialement parlant, est en butte aux persécutions de l'infiniment petit. L'illustre chocolatier poursuit d'année en année une lutte sans succès et sans espoir contre les moustiques et les maringouins, qui sont le fléau des terrains boisés et humides pendant la saison chaude; et moustiquaire, voilettes de gaze, lotions diverses destinées à inspirer aux moustiques le dégoût de la peau humaine, arrivent à peine à rendre supportable au maître d'Anticosti le séjour de ses terres.

Nous ne voyons, nous, de son île, qu'une interminable côte basse, brune, lointaine, que le brouillard montre et cache comme en un jeu; puis quand vers le soir le brouillard se lève on s'aperçoit que cette côte a disparu, et c'est de nouveau l'apparence de la pleine mer. Seulement la vue de cette première terre transatlantique, et le souvenir des cartes souvent consultées, nous rend presque sensible la proximité des deux rives du golfe du Saint-Laurent, rives toujours hors de vue, mais qui se resserrent sur nous d'heure en heure.

Le lendemain, lorsque nous montons sur le pont pour respirer un peu, au sortir des cabines étouffantes, avant le déjeuner du matin, une de ces rives est devenue visible et en quelques heures nous en venons à la longer de tout près.

Elle est plate et nue au sortir de l'eau, mais bientôt des collines apparaissent à l'intérieur, dont la ligne se rapproche. L'atmosphère un peu embrumée leur prête une majesté factice, et des lambeaux de nuages qui traînent à mi-hauteur exagèrent complaisamment leur taille, qui n'est que médiocre. Mais il n'en faudrait pas tant pour river l'attention des passagers, qui sont maintenant tous sur le pont et regardent avec une sorte d'intérêt candide. La moindre terre prend un relief saisissant, après une semaine passée sur l'eau ; mais ce qui marque cette terre-ci à nos yeux d'une grandeur émouvante, c'est surtout qu'elle est la terre canadienne, l'avant-poste du continent vers lequel nous allons. Une côte d'une silhouette exactement semblable, vue quelque part en Europe, dans la Baltique ou la Mer Noire, n'aurait pas ce prestige ; et je crois bien que ce serait également vrai d'une côte asiatique ou africaine.

L'Amérique reste essentiellement le pays où l'on va porter sa fortune ; le pays pour lequel on a quitté son pays. Une contrée que l'on visite en passant, ou bien où l'on va habiter quelques années au plus, n'a pas cet abord solennel de terre promise, ni cet aspect d'énigme double des contrées où beaucoup d'hommes viennent vivre pour toujours ou pour longtemps : l'énigme de ce que le continent cache derrière sa frange visible, et l'énigme de la vie qu'il leur donnera. Même aujourd'hui, où la colonisation et le défrichement sont devenus des opérations prosaïques, industrielles, dépourvues de toute aventure, le premier aperçu de la côte américaine dans le lointain réveille chez beaucoup de nous des âmes irrationnelles, anachroniques, d'aventuriers, et nous émeut curieusement. Mais sans doute faut-il pour ressentir cela voyager autrement qu'en touriste, avoir un peu d'incertitude dans sa vie, et se trouver au milieu de gens pour lesquels le passage du vieux continent au nouveau est un coup de dés d'une importance poignante, sur lequel ils ont presque tout joué !

Une des prédictions orgueilleuses que l'on entend et que l'on lit le plus souvent sur le sol canadien est que le xxᵉ siècle sera le « siècle du Canada », comme le xixᵉ siècle a été celui des Etats-Unis. C'est bien sans doute en voguant vers Québec ou Montréal que l'on retrouve le plus facilement, et avec le plus d'exactitude, l'état d'esprit des déracinés qui voyaient s'ouvrir devant eux la baie de New-York, il y a cent ans. Ceux qui, approchant de cette ville aujourd'hui, regardent grandir la statue de la Liberté et l'entassement des « gratte-ciels », ne peuvent que connaître des impressions différentes, parce que le premier aspect que l'Amérique leur offre est celui d'une cité entre les cités, et non plus l'aspect primitif, saisissant, du pays vide qu'ils vont défricher et remplir.

Le navire qui remonte le Saint-Laurent au contraire se rapproche de la rive en arrivant à Rimouski, qui est la première escale depuis Liverpool et la seule avant Québec. Un petit vapeur

construit en bois, dont la coque est extraordinaire-
ment massive et la proue d'une forme singulière —
afin de pouvoir naviguer l'hiver sur le fleuve
encombré de glaces flottantes — vient chercher en
plein courant les rares passagers qui débarquent
là. De la ville elle-même, cachée par une île et de
peu d'importance d'ailleurs, nous ne voyons qu'un
clocher et une masse indistincte de maisons aux
toits rouges et bruns. Mais cette côte Sud reste pendant longtemps proche et visible, lorsque nous repar-
tons. Une ligne de chemin de fer la suit, à peu
de distance du fleuve. La bande de terre que cette
ligne et le fleuve bornent est semée de villages,
des agglomérations de maisons de bois aux tons
neutres, où les bruns dominent, maisons toujours
groupées autour d'un clocher pointu, mais qui
semblent pourtant s'espacer volontairement, tenter
de relier entre eux les villages, pour faire bonne
figure et combler un peu les vides du pays trop
grand. Car derrière ce chapelet de villages de
pêcheurs et d'agriculteurs c'est la péninsule du
Nouveau-Brunswick et du Maine, le territoire le
plus avancé vers l'Est, le plus proche de l'Europe
de toute l'Amérique civilisée, et où se trouvent
pourtant encore des étendues de plusieurs milliers
de kilomètres carrés dépourvues de lignes de chemin
de fer, de routes et presque d'habitations, et des
forêts profondes où l'on ne pénètre que de loin en

loin, à l'automne, pour chasser le loup et l'orignal.

Mais c'est la côte Nord qui donne, quand on s'en rapproche, la plus forte impression de pays à peine entamé, encore vide et sauvage. Peut-être l'imagination y est-elle pour quelque chose, le souvenir que de ce côté-là il n'y a plus de civilisation réelle, plus de ville qui mérite le nom de ville, plus rien que çà et là quelques groupes de maisons de bois peureusement assemblées, quelques postes perdus aux coudes des rivières, et plus loin encore rien que les tentes de peau des derniers Indiens, semées dans les recoins incléments de l'Ungava et du Labrador.

Pourtant la part de l'imagination n'est pas nécessairement grande et sa tâche est facile. Par endroits cette côte Nord sort du fleuve d'un jet et s'élève de suite en collines arrondies aux trois quarts couvertes de pins ; le rocher se montre parfois à travers la terre, mais il n'y a que peu de parois à pic ou d'escarpements : partout des lignes simples, sévères, assez amples pour que les pans de forêt qui les couvrent ne changent pas leur profil ; partout des bruns et des verts sombres ; le brun de la terre nue, le brun des troncs serrés, le vert sombre de leur feuillage ; et aussi d'autres tons neutres de végétation qui a été sobre de couleurs et de lignes même au fort de l'été, et qui maintenant s'éteint ou s'assombrit encore.

De loin en loin, avec une sorte de surprise, on voit

des maisons. En voici une à mi-pente, une autre au bord de l'eau, cinq ou six assemblées dans un repli du terrain, et il semble bien qu'autour de leurs murs s'étendent des espaces éclaircis qui doivent être des champs. Mais entre chaque maison ou chaque groupe de maisons il y a plusieurs milles de pente abrupte, un vallonnement profond ou un sommet arrondi, souvent un pan de forêt qu'il faudrait contourner ; et l'on se prend à chercher des yeux, généralement en vain, les pistes rudimentaires qui doivent pourtant les unir entre elles ou les unir à quelque chose, faciliter leur approche aux hommes d'ailleurs. Et soudain l'on croit voir le fleuve bordé d'une croûte de glace, encombré de lourds blocs de glace serrés qui descendent le courant, les pentes couvertes de la neige profonde de l'hiver, et la présence de ces maisons isolées, l'existence des gens qui y vivent, deviennent, pour nous autres hommes des pays grouillants, des choses presque inexplicables et pathétiques.

Toute la journée notre navire remonte le fleuve, se rapprochant tantôt d'une berge et tantôt de l'autre pour suivre la ligne de l'eau profonde. Ce chenal, par où tout le trafic du Canada passe sept mois de l'année — les sept mois pendant lesquels le fleuve est praticable — est marqué avec un soin et une précision qui rappellent à chaque instant son importance. C'est un chapelet ininterrompu de feux et de bouées ; pourtant quand le brouillard vient, dans l'après-midi, nous devons nous arrêter, jeter l'ancre, et rester là une heure, une longue heure d'humidité froide, d'opacité impalpable que l'appel lugubre de la sirène perce toutes les minutes.

Quand un coup de vent chasse le brouillard et nous permet de repartir, les rives restent long-temps indistinctes, noyées à leur tour dans cette buée ; et bientôt après la nuit descend.

II

Sur le steamer qui va de Liverpool à Québec, steamer appartenant à une Compagnie anglaise et chargé de passagers presque tous anglais, où tout rappelle au voyageur qu'il vient de quitter un port anglais et se dirige vers un autre port dont il semble que ce ne soit qu'une porte d'entrée monumentale, s'ouvrant sur une vaste colonie anglaise — le Canada français et la race qui l'habite ne paraissent être que des entités de second plan dont le rôle est fini, falotes, vieillottes, confites dans le passé.

Sur le pont des passagers s'interrogent : — Allez-vous loin dans l'Ouest ? — En avez-vous pour longtemps encore après Montréal ? Et toutes les réponses se ressemblent : — Pour longtemps ?

Oh ! Cinq jours de chemin de fer environ ! — Où je vais ? Calgary ! Edmonton ! — Vancouver !

Pour eux Québec n'est que le porche aux sculptures archaïques par où il faut passer pour déboucher dans la rudesse des pays nouveaux, du vrai Canada, du Canada qui compte. Ils n'ont à l'esprit et à la bouche que des strophes de la grande épopée de l'Ouest. — Les villes solides et prospères là où il n'y avait que cinq huttes voilà dix ans ! — Tant de boisseaux de blé produits cette année par des terres défrichées de la veille ! — Cent mines déjà prêtes et qui n'attendent que le passage de la voie ferrée pour dégorger leurs métaux !

Le navire remonte le Saint-Laurent, arrive en vue de Québec. L'on commence à distinguer l'amoncellement que forment au pied de l'ancienne forteresse les maisons anciennes des ruelles de la Ville-Basse; des clochers s'élèvent çà et là parmi les toits; quand le navire s'amarre les portefaix qui viennent à bord montrent sous les feutres mous des Américains de l'Ouest de bonnes figures moustachues de paysans de France. — Les passagers se pressent aux bastingages et regardent tout cela avec une curiosité amusée, et même ceux d'entre eux qui sont Canadiens ne voient guère dans cet accueil de Québec qu'une sorte de spectacle qui ne les touche pas de très près ; une pantomine d'une troupe étrangère, dans un décor étranger.

Aux questions que leur posent des compagnons
de voyage qui voient Québec pour la première fois
ils répondent avec une nuance de dédain. — Oui !
C'est une ville assez curieuse ! Une vieille ville !
Une ville française : tout y est français... — Et
ils se hâtent de gagner le train qui les emportera
vers leur Canada à eux, loin de cette enclave
étrangère.

Mais ce train marchera dix heures à pleine vitesse
avant de sortir de l'enclave, que leur navire aura
déjà traversé pendant vingt heures avant Québec ;
il laissera des deux côtés de vertigineuses étendues
de territoire qui s'étendent jusqu'aux Etats-Unis au
sud et jusqu'au Labrador au nord, et qui font
partie de l'enclave ; ce train traversera Montréal,
une ville de cinq cent mille habitants qui malgré
tout est encore française plus qu'à moitié ; il trouvera à travers tout le Canada et jusqu'à Edmonton
et Vancouver, aux portes du Pacifique, des groupes
clairsemés mais vivaces de Canadiens-français qui
restent Canadiens-français intégralement, même
dans leur isolement et le resteront. Et la fécondité
de cette race est telle qu'elle maintient ses positions
bien qu'elle ne reçoive, elle, qu'une immigration
insignifiante. Sa force de résistance à tout changement — aussi bien à ceux qui américanisent qu'à
ceux qui anglicanisent — est telle qu'elle se maintient intacte et pure de génération en génération.

Toute cette partie de son territoire qui reste encore à défricher et à exploiter, elle manifeste sa volonté de la défricher et de l'exploiter elle-même. En face des hordes étrangères qui arrivent chaque année plus nombreuses, elle ne marque aucun recul.

Le voyageur venant de France qui sait cela et qui en errant dans les rues de Québec songe à cette volonté inlassable de se maintenir, regarde autour de lui avec une acuité d'attention qui lui semble presque un devoir. Et tout ce qu'il aperçoit l'émeut : les rues étroites et tortueuses qui n'entendent sacrifier en rien à l'idéal rectiligne d'un continent neuf ; les noms qui s'étalent au front des magasins et qui paraissent plus intimement et plus uniformément français que ceux de France, comme s'ils étaient issus du terroir à une époque où la race était plus pure; Labelle — Gagnon — Lagacé — Paradis... — les curieuses calèches qui sillonnent les rues et rappellent certains véhicules désuets qui agonisent encore sur les pavés de petites sous-préfectures.

Le passant regarde le nom des rues : — Rue Saint-Joseph — Sous-le-Fort — Côte de la Montagne — et il se souvient tout à coup avec un sursaut que c'est la courbe immense du Saint-Laurent qui ferme l'horizon et non le cours sinueux d'une petite rivière de France. Il entend autour de lui le doux parler français et se voit obligé de se répéter à lui-même incessamment, pour ne pas l'oublier, qu'il se trouve au cœur d'une colonie britannique. Il voit sur la figure de chaque homme, de chaque femme qu'il croise, le sceau qui proclame qu'ils sont de la même race que lui, et un geste soudain, une expression, un détail de toilette où de maintien fait à chaque instant naître en lui un sens aigu de parenté. Le sentiment qui englobe tous les autres et qui lui vient à la longue est une reconnaissance profonde envers cette race qui en se maintenant intégralement semblable à elle-même à travers les générations, a réconforté la nation dont elle était issue et étonné le reste du monde ; cette race qui loin de s'affaiblir ou de dégénérer semble montrer de décade en décade plus de force inépuisable et d'éternelle jeunesse en face des éléments jeunes et forts qui l'enserrent et voudraient la réduire.

Les troupeaux d'immigrants anglais, hongrois, scandinaves, peuvent arriver à la file dans le Saint-Laurent pour aller se fondre en un peuple dans le gigantesque creuset de l'Ouest. L'ombre du trône britannique peut s'étendre sur ce pays qui lui appartient au moins de nom. — Les plaines du Manitoba, du Saskatchewan et de l'Alberta peuvent faire croître de leurs sucs nourriciers une race neuve et hardie qui parlera au nom du Canada tout entier et prétendra choisir et dicter son destin. — Québec n'en a cure !

Québec regarde du haut de sa colline passer les

hordes barbares sans l'ombre d'envie et sans l'ombre
de crainte. Québec reçoit les messages royaux avec
une tolérance courtoise. Québec sait que rien au
monde ne pourra bouleverser le jardin à la française
qu'elle a créé pieusement sur le sol fruste de
l'Amérique et que toutes les convulsions du continent nouveau ne sauraient troubler la paix profonde
et douce que les Français d'autrefois ses fondateurs,
ont dû emporter du pays de France comme un secret
dérobé.

SUR LA TERRASSE

Un large boulevard de planches, accroché au flanc de la colline de Québec tout près du sommet. Plus haut il n'y a guère que les talus de la vieille forteresse, plus bas la pente abrupte dégringole. Au pied de la colline la Ville-Basse, toute ramassée sur elle-même, serrée entre cette pente insurmontable et le fleuve. Vus de cette hauteur le Saint-Laurent paraît étroit, et la rive Sud tout proche ; l'agglomération de maisons que porte celle-ci est Lévis, un faubourg de Québec que l'absence de pont élève à la dignité de ville séparée. Les deux berges sont découpées en cales où des vapeurs s'amarrent ; elle sont bordées de hangars sur plusieurs points, et ces hangars, ces vapeurs, d'autres vapeurs plus petits qui font un va-et-vient incessant entre les deux rives, donnent l'illusion d'un vrai grand port moderne, que la vie commerçante anime.

Mais quand les regards se détournent et vont un peu plus loin à droite ou à gauche, les choses reprennent leurs proportions véritables et l'on perçoit que c'est la ville qui est l'accessoire, et non le fleuve. Ce fleuve n'a pas l'aspect asservi, humilié, des cours d'eau qui traversent des villes anciennement grandes depuis si longtemps qu'ils ont perdu leur personnalité propre et leur indépendance et sont devenus quelque chose de plus hideux encore que des « routes qui marchent » : les trottoirs mouvants du trafic urbain.

Le Saint-Laurent à Québec n'a pas connu les quais qui brutalisent l'eau, ni les ponts qui l'humilient, car les estacades de bois qui bordent çà et là son lit sont discrètes et presque invisibles, et d'ailleurs le bois s'accorde naturellement avec l'eau et n'a jamais cet aspect insultant de mur de prison qu'ont les quais de pierre. Au sortir de la ville, et des deux côtés, les berges reprennent promptement leur caractère primitif : plates et marécageuses en aval, au delà de la Rivière Saint-Charles ; en amont

plus abruptes, surtout la rive Nord, où la colline
de Québec se prolonge en une arête dont le flanc
reste à quelque distance proche de l'eau. Si près
de Québec, ces berges du Saint-Laurent sont encore
intactes, presque vierges, et précisément telles
qu'elles devaient l'être il y a trois ou quatre siècles,
au temps où les pirogues de peau des Indiens
étaient les seules embarcations qu'eût connues le
fleuve. Les forêts qui s'élevaient peut-être là ont
disparu ; rien d'autre n'a été changé, et des deux
côtés le sol s'enfonce dans l'eau irrégulièrement,
comme il lui plaît.

L'on devine cela du haut de la colline de Québec,
de la terrasse qui surplombe, et cette étroitesse des
limites jusqu'où s'est étendue l'empreinte humaine,
jointe à la largeur du fleuve libre, laisse l'impression que c'est bien là un pays neuf, que l'homme
n'a fait qu'égratigner, et que Québec elle-même,
la « vieille ville », n'est après tout qu'une toute
jeune personne, à la manière dont se mesure d'ordinaire la vie des cités.

Et pourtant... Au pied de la colline le désordre
des maisons disparates de la Ville-Basse, l'étroitesse des ruelles qui les séparent, et qui de haut sont
pareilles à des crevasses dont le fond reste caché,
le marché « Champlain » où les ménagères circulent
sans grande hâte et stationnent volontiers, formant
des anneaux sombres autour des taches plus vives

des légumes étalés, comme tout cela est peu « Nouveau Monde » ! Combien y a-t-il de villes françaises où le jour du marché ramène ponctuelle-
ment une scène en tous points semblable à
celle-ci, vue par exemple, du haut d'un clocher ?
Et l'on devine que la digne femme qui marchande
des choux avec un paysan en gilet de chasse et cas-
quette noire, emploie précisément les mêmes mots,
les mêmes gestes et les mêmes moues de dédain
que doit employer, à cette même heure, une homo-
nyme, une autre dame Gagnon, ou Normandin, ou
Robichot, qui achète aussi des légumes sur la
grande place d'un chef-lieu d'arrondissement,
quelque part « chez nous ».

Et voici que Québec la jeune, Québec la cité
d'Amérique, Québec que la campagne sauvage
enserre étroitement, prend, aux yeux d'un homme
des grandes villes, cet aspect de calme ancien, de
répit, de paix un peu somnolente qu'ont les petites
villes de province, au matin, pour les Parisiens
arrivés dans la nuit.

Les vapeurs qui relient de leur va-et-vient conti-
nuel les deux berges du fleuve, Québec et Lévis,
sont tous munis d'une sorte de gigantesque balancier
qui s'élève haut au-dessus du pont et oscille sans
cesse, mû en apparence par deux tiges fixées à ses
extrémités et qui s'enfoncent dans deux puits à
l'avant et à l'arrière. Cela peut être très mécanique

et très moderne ; mais cela est surtout comique,
pour un profane, et tout à fait pareil de loin à
d'ingénieux jouets à treize sous. Cela ne les
empêche pas d'avoir l'air important et affairé des
vapeurs, et de faire grand bruit avec leurs sifflets
ou leurs sirènes chaque fois qu'ils traversent la
nappe d'eau tranquille, comme si c'était là une
audacieuse aventure. Un des paquebots amarrés
dans le port leur répond ; puis le vent qui chasse
devant lui les nuées grises balaye aussi ces bruits
importuns et apporte à leur place un son de
cloches.

Les cloches de Québec... On se rend compte
tout à coup que leur voix était là depuis le commencement, qu'elle n'a jamais cessé de se faire
entendre. Des tintements grêles venaient de Lévis
par-dessus le Saint-Laurent ; d'autres tintements
montaient de la Ville-Basse, plus clairs et pourtant inégaux comme une houle, et d'autres encore
venaient de la Ville-Haute et des quartiers lointains.
Ensemble, ils formaient une voix qui montait et
descendait avec chaque souffle de vent, s'éteignant
pour s'élever de nouveau après quelques secondes,
obstinée et grave.

Il y a des gens qui disent avoir entendu dans
la voix des cloches toutes sortes de choses délicates et émouvantes : en les écoutant avec honnêteté on n'y perçoit le plus souvent qu'une répétition

têtue, une leçon ressassée sans fin avec solennité, une affirmation persistante et qu'il ne faut pas discuter : « ...C'est ainsi !... C'est ainsi !... C'est ainsi !... » Chaque choc nouveau du battant enfonçant le dogme un peu plus avant dans les têtes, comme des coups de marteau sur un clou. Et la monotonie immuable de leur appel laisse une impression d'âge infini.

Des brumes traînantes que le vent déchire et ressoude sans cesse viennent du golfe comme un cortège. Passant bas au-dessus du fleuve, elles forment un défilé de taches opaques entre lesquelles on distingue pourtant çà et là la surface de l'eau, ou des morceaux de la rive Sud qui semble s'éloigner. Puis quand ces nuées ont passé l'on voit que l'air a perdu de sa transparence ; obscurci, strié de gouttelettes qui tombent, il estompe tout sans rien faire disparaître, et Lévis, le Saint-Laurent, Québec elle-même, se fondent en un grand décor gris, indistinct, qui respire à la fois la mélancolie et la sérénité. Et le son des cloches vient toujours à travers la brume grise.

Sur le fleuve, les petits vapeurs avec leur gigantesque balancier comique continuent leur va-et-vient, sifflant et mugissant avec importance ; le marché Champlain n'est plus qu'un toit de parapluies ; la Ville-Basse s'attriste sous l'ondée, piteuse et quelconque. Mais les cloches ne s'arrêtent pas un instant de se répondre d'une rive à l'autre, et d'un bout à l'autre de cette ville qui leur appartient.

Leur voix témoigne que Québec n'a rien appris et rien oublié ; qu'elle a conservé miraculeusement intacte la piété ponctuelle d'autrefois. C'est peut-être pourquoi Québec prend cette physionomie d'aïeule, aux yeux des païens d'outre-mer : elle est vieille comme les vieilles cathédrales, comme les prières en latin, comme les reliques vénérables et fragiles dans leurs châsses ; elle a l'âge des rites anciens qu'elle a apportés avec elle sur un sol nouveau et fidèlement observés.

Mais en l'honneur de quel saint de légende sonnaient-elles ce jour-là toutes ensemble, les cloches de Québec ?

DANS LES RUES DE QUÉBEC

Que Québec est une cité historique ; la plus intéressante peut-être, historiquement, de l'Amérique
du Nord ; unique en son genre sur ce continent ;
une cité où la jeune Amérique vient visiter pieusement des vestiges qui remontent à deux cents ans
comme la vieille Europe va pieusement visiter à
Rome des vestiges qui remontent à deux mille ans,
— tout le monde sait cela. Mais c'est aussi une

cité plus complexe qu'on ne veut bien le dire.

Les Américains et les Canadiens de l'Ouest y mettent un rien de parti-pris. Il leur plaît de faire de Québec une vénérable ruine qui se tient encore debout par miracle; d'exagérer la vie passée de la cité aux dépens de sa vie présente. Même sa voisine Montréal, qui compte maintenant plus d'un demi-million d'habitants contre soixante-dix mille que compte Québec, prend souvent pour parler de cette dernière un ton protecteur, un peu apitoyé ; le ton que prennent les « demoiselles de la ville » pour parler des grands-parents restés au village. C'est « la vieille capitale », la « vieille ville » et d'autres expressions où l'adjectif « vieille » revient souvent, employé d'une manière un peu ambiguë. Ce peut-être une marque de respect — il serait diffi-cile de prouver le contraire — mais lorsque l'on personnifie des villes c'est toujours à des femmes que l'on songe, et entre femmes cette insistance constante sur la différence d'âge n'est pas toujours regardée, je crois, comme une marque d'amitié !

Peut-être y a-t-il en ce cas un tout petit ressen-timent provoqué par le fait que Québec est encore la capitale de la province et le siège du gouverne-ment. Les Montréalais se défendront sans doute d'une aussi mesquine jalousie, et vraiment il vaut mieux les croire. D'ailleurs Montréal a bien d'autres soucis : entre autres celui de défendre âprement sa position de « plus grande ville du Canada » contre sa rivale de l'Ontario, Toronto, qui est, elle, différente de race, de religion et de langue.

Mais les autres provinces mettent un peu d'affectation à regarder Québec comme une curiosité de musée, déplacée en ce siècle-ci. Leurs habitants anglo-saxons la traitent aussi de « vieille ville » ; mais ils y ajoutent un autre adjectif « vieille ville française », sans mépris ni inimitié, et simplement pour désigner le seul trait de la physionomie de Québec qui les ait frappés.

S'ils viennent du Manitoba ou de l'Alberta, par exemple, provinces qui paraissent s'américaniser peu à peu sous l'influence des très nombreux immigrants des États-Unis qui viennent s'y établir chaque année, ils verront les choses avec les mêmes yeux que les touristes de New-York, Boston ou Chicago qui viennent pendant l'été. L'étrangeté de rues étroites, souvent tortueuses, bordées de maisons qui ne sont pas assez vieilles, pour être des curiosités architecturales, mais qui sont pourtant vieilles et le montrent. Les noms français partout : sur les plaques apposées aux coins des rues ; au front des magasins. Les marchandises étiquetées le plus souvent en français. Les consonances du parler français autour d'eux. Voilà ce qu'ils remarqueront naturellement, et ce qui leur donnera cette impression de dépaysement, d'excursion en terre étrangère, qu'ils goûteront ou ressentiront comme un affront, selon leur tempérament.

Un Français venant directement de France, au contraire, et qui n'aura pas eu le temps de vraiment perdre contact avec les choses de son pays, remarquera surtout dans Québec non pas ce qui est français, mais ce qui ne l'est point.

Des rues qui le plus souvent ne sont ni pavées ni même macadamisées, bordées de rudimentaires trottoirs de planches ; des tramways électriques escaladant des rampes invraisemblables ; les visages généralement glabres des Canadiens-français, surtout des jeunes gens ; leurs vêtements de coupe américaine ; leurs chapeaux ronds de feutre mou de forme américaine ; leurs chaussures américaines aussi. Aux devantures des magasins, les prix marqués en dollars. Les mots anglais, intacts ou grossièrement francisés, intervenant de façon inattendue dans des phrases françaises. Autant de détails qui ne pourront manquer de surprendre un Français s'il a pris littéralement ces qualificatifs de « vieille ville française » que les gens venant d'autres pays que la France appliquent à Québec en toute sincérité.

De sorte que la plupart des touristes qui visitent Québec semblent voués par la force des choses à n'en vraiment voir qu'une moitié. Or, c'est précisément ce caractère double de Québec — ville

française greffée sur le sol américain — vie américaine greffée sur la vieille souche française — qui
la rend si étrangement différente des autres villes.

A peine sur les quais du port on commence à
sentir l'amalgame. Les docks ne donnent pas
l'impression qu'ils sont organisés d'une façon bien
moderne, et sans doute les Etats-Unis ont-ils beaucoup mieux à montrer ; pourtant le train qui vient
chercher la malle afin de l'emporter vers l'Ouest
comporte-t-il déjà les gigantesques wagons qui sont
la règle sur le sol américain. Les portefaix et les
employés de la douane sont bilingues ; par quoi
il faut entendre qu'ils emploient le français ou
l'anglais alternativement selon le besoin du moment,
et, fort souvent, les mélangent. Dans le vaste hangar
du débarcadère, il semble qu'il soit resté quelque
chose des foules hétérogènes qui ont passé là leurs
premières heures, au sortir des paquebots. Immigrants anglais, allemands, suédois, russes, hongrois
— on sent que ce hangar a pour fonction de recevoir presque chaque jour plusieurs centaines
d'hommes et femmes de ces pays et de les abriter
jusqu'à ce que l'on ait pu mettre un peu d'ordre
parmi eux et leurs possessions et les expédier vers
leurs destinations respectives. Autant que quatre
parois nues peuvent être typiques, il est typiquement américain, ce hangar, lorsqu'on y trie comme
des ballots les nouveaux arrivants.

Ceux des passagers qui n'ont plus de formalités à remplir et n'ont pas besoin d'aide hèlent un porte-faix, puis une voiture. Et de suite ils se croient en France. Que le portefaix et le cocher parlent français, tous deux, cela n'est rien ; mais on retrouve chez eux cette affectation d'empressement, cette obligeante démonstrative qui est rare en pays anglo-saxons, mais que les manœuvres d'autres races cultivent soigneusement, à moitié comme vertu, à moitié comme un droit incontestable à un plus fort pourboire. Quand il faut les payer, en effet, leurs marchandages et leurs revendications pathétiques ne manquent pas de produire l'effet attendu.

Si le sort favorise un peu les nouveaux arrivants, c'est dans une calèche qu'ils sont montés. La calèche est une institution purement québecquoise, et la pièce plus curieuse peut-être de tout le magasin d'accessoires de Québec. Il serait futile d'en essayer une description exacte ; qu'il suffise de dire que c'est un véhicule d'aspect suranné, infiniment plus ancien comme type que la plus ancienne des voitures de place d'une très petite ville française. Cela a quatre roues grêles, un haut marchepied, deux sièges opposés, assez incommodes, et souvent une de ces indescriptibles portières qui persistent à n'être ni ouvertes ni fermées, et qu'il faut tôt ou tard se résigner à tenir de la main dans une position qui n'est guère qu'un compromis. Il est impossible de croire que l'on construise encore des calèches du type québecquois de nos jours; ou bien est-ce alors qu'on donne aux calèches neuves, par quelque procédé secret, la patine d'une haute antiquité, avant de les laisser sortir dans les rues, attelées d'un très vieux cheval, conduites par un très vieux cocher.

Cahin-caha la calèche s'en va dans les rues de Québec, qui à l'automne ressemblent à des fondrières. Curieusement l'on regarde par la portière; au sortir des hangars, des docks et des entrepôts voici plusieurs passages à niveau rudimentaires, une ligne de chemin de fer qui passe pour ainsi dire en pleine rue et une longue file de ces énormes wagons américains, arrêtés tout près. Quelques mètres plus loin, la lumière tombe sur l'enseigne d'une boutique close, et on lit — : « Eusèbe Ribeau — Marchand de Hardes faites » — Encore quelques tours de roue : des annonces vantent un whiskey de seigle, une marque de cigares ou quelqu'une de ces nourritures céréales prêtes pour la table qui abondent aux Etats-Unis ; au coin d'une rue une pancarte proclame : « Par ici pour l'élévateur » — Et l'on voit au loin « l'élévateur » qui escalade la colline. Un jeune homme arrêté au bord du trottoir de bois, mâche un cigare, les mains à fond dans les poches, son chapeau de feutre mou rabattu sur les yeux, ne laissant voir qu'une moitié de son masque osseux et glabre de Yankee; et juste au moment où l'impression d'américanisme devient aiguë et étouffe les autres, la calèche ralentit, s'arrête. Le cocher dit cordialement: « C'est icitte, Monsieur! » L'on descend pour voir du même coup d'œil devant soi la plaque qui indique le nom de la place, et l'enseigne de l'Hôtel : « Carré Notre-Dame des Victoires » — « Hôtel Blanchard — Maison Recommandée ».

Noter tous ces contrastes de détail l'un après l'autre est évidemment un jeu un peu enfantin ; mais il serait plus superficiel encore de ne voir qu'un des aspects de Québec et d'en faire le caractère complet et définitif de cette cité unique, où deux modes de la vie se mélangent et se marient comme deux arômes.

Dans les rues de Québec... Il y a naturellement cinq ou six de ces rues que tous les touristes sans exception visitent consciencieusement parce qu'elles sont mentionnées dans les guides et parce que ce sont celles qui corroborent cette description facile et incomplète de « vieille ville française » que l'on retrouve partout.

Toutes les rues de la Ville-Basse qui sont étroites et quelque peu tortueuses, d'abord. Certaines n'ont pas d'autre mérite que ceux-là. Les maisons qui les bordent sont quelconques : vieilles façades dont la pierre est un peu effritée, le bois un peu vermoulu, derrière lesquelles on devine une charpente de grosses poutres taillées à la hache dans des troncs abattus à la hache à une époque où les scieries à vapeur ne couvraient pas encore le sol canadien, comme aujourd'hui. Çà et là, cette antiquité relative est assez apparente pour donner à un extérieur un caractère marqué; mais on ne voit pas de toits pointus ni d'étages qui surplombent; et un voyageur qui se souvient de telles villes d'Europe qu'il a visitées sourira sans doute d'entendre traiter Québec de «vieille ville» pour ces seuls vestiges.

Ils suffisent aux Américains, pourtant. Ces derniers — ceux d'entre eux tout au moins qui n'ont pas encore « fait » l'Europe — s'ébahissent de voir des rues qui ne sont pas parfaitement droites, ni larges de trente pieds, et dont chaque maison manifeste vis-à-vis de l'alignement général une belle indépendance. La plupart de ces visiteurs, s'ils étaient sincères, s'avoueraient pleins de mépris; seule, une minorité qui préfère le pittoresque à la propreté, à la commodité et à l'hygiène — pour les villes qu'elle n'habite pas — admire les ruelles de Québec avec honnêteté.

Un Français sera plus difficile. Il lui plaira sans doute de retrouver des aspects presque familiers sur une terre lointaine; mais pour aimer les rues du vieux Québec et en tirer des impressions vives il faudra qu'il parcoure, à défaut d'autres villes d'Amérique, les rues du Québec nouveau.

Car Québec est une cité bien vivante et qui se

développe encore; voilà ce qu'il ne faut pas oublier. Elle se développe de trois manières; par l'accroissement normal de sa population; par le déplacement qui commence de la population rurale vers les villes; enfin par le dépôt de l'alluvion humain, iné-vitable dans une ville par où passent les deux tiers de l'immigration canadienne, soit plus de deux cent mille hommes et femmes chaque année. Et une parenthèse ouverte ici sur ce développement présent et futur de Québec évitera d'avoir à y revenir plus tard.

L'accroissement normal de la population est en proportion de la natalité, qui est, on le sait, consi-dérable. La renommée est parvenue jusqu'en Europe de ces familles canadiennes françaises qui comptent douze et quinze enfants, et elle a suffi à faire écar-ter définitivement l'hypothèse que l'on a avancée à propos de dépopulation, à savoir que notre race est inféconde en soi.

La seconde cause de développement de Québec, qui s'applique également à toutes les autres villes de la province, pourra surprendre les Européens qui songent encore au Canada comme à un pays pure-ment agricole où le problème de la concentration lente vers les cités n'existe pas. C'est pourtant un fait que malgré la forte natalité, la population rurale ne s'augmente que dans des proportions très faibles dans les deux provinces les plus vieilles du

Canada : celle de Québec et l'Ontario. D'un recensement à l'autre on constate que ce sont surtout les villes qui ont gagné ; les Canadiens-français des campagnes commencent déjà à se déraciner, soit pour grossir le demi-million d'habitants de Montréal, soit pour se concentrer autour d'autres villes plus petites et qui commencent également à devenir manufacturières ; soit enfin pour passer la frontière et se fixer aux Etats-Unis. Ce mouvement sera peut-être enrayé en partie, mais il existe déjà.

Enfin, il y a cette autre raison de développement que Québec doit à sa situation, et celle-là suffirait à ridiculiser le parti-pris des Canadiens de l'Ouest, qui se plaisent à considérer la « vieille ville française » comme une ville stagnante et dont le rôle est fini. Toute cette part de l'immigration canadienne qui vient d'Europe — et c'est de beaucoup la plus importante — passe par le Saint-Laurent ; et sur le Saint-Laurent, Québec est la première étape et la première ville digne de ce nom. Les paquebots continuent ensuite jusqu'à Montréal, il est vrai, et Montréal semble croire qu'elle est le terminus naturel des lignes de navigation. Cela n'est pas très sûr. Le cours du fleuve est très irrégulier au-dessus de Québec, en certains endroits relativement étroit et profond, il s'élargit à d'autres en lacs semés de hauts-fonds, et où la moindre erreur de direction provoque un échouage. De là les taux très élevés des assurances maritimes sur les navires qui remontent le fleuve. Ces navires tendent à accroître leur tonnage d'année en année, à mesure que cette branche du commerce transatlantique prend plus d'importance; lorsqu'ils auront atteint les dimensions des plus gros navires aujourd'hui affectés à la ligne de New-York, les Compagnies auxquelles ils appartiennent devront choisir : ou bien refaire le Saint-Laurent, ou bien ne pas aller plus loin que Québec. C'est l'histoire de Nantes et de Saint-Nazaire qui se répète, là comme ailleurs. De sorte que la « vieille ville » dont l'Ouest et Montréal elle-même parlent avec une indulgence apitoyée pourrait bien se réveiller quelque jour du long sommeil où défilent ses souvenirs de gloire et se résigner à devenir le grand port et le grand entrepôt du Canada; à acquérir la richesse après l'honneur.

En attendant que cette renaissance vienne, Québec n'en est pas moins déjà, et encore, une ville vivante, qui s'accroît et s'étend. Et ceux d'entre nous qui viennent de cités plus anciennes que Québec, ou de campagnes européennes habitées, cultivées et percées de routes depuis bien des siècles, trouveraient profit à laisser de côté pour un jour leurs guides à couvertures rouges et à s'en aller à l'aventure dans les rues nouvelles que Québec jette autour d'elle, ou prolonge.

La plaine qui s'étend de l'autre côté de la rivière Saint-Charles, par exemple. L'on est monté de la Ville-Basse par la « Côte de la Montagne » et la « Rue Saint-Jean », qui est la rue principale de Québec. Les chars — lisez tramways électriques — passent toutes les vingt secondes avec des appels de timbres entre les maisons de pierre, entre les magasins de modes et costumes, les librairies, les bazars, tout l'appareil monotone de la civilisation universelle. Les gens qui passent portent aussi l'inévitable livrée : les robes des femmes sont trop évidemment des « modèles de Paris », pas très récents peut-être; les vêtements des hommes sont du style américain le plus souvent, anglais parfois, avec çà et là une note purement française. Tous ont l'air de gens habitués à vivre uniquement dans des maisons modernes ou dans les rues, loin de tout contact avec le sol fruste, que l'on oublie.

Mais si l'on prend au hasard une des rues latérales, en moins de deux cents mètres, tout change. Les maisons de pierre ont disparu brusquement, laissant l'impression qu'elles n'étaient guère qu'une longue façade, un décor. A leur place, s'alignent des maisons de bois aux murs faits de planches superposées en écailles; parfois, on a oublié de les peindre, ou bien la peinture n'a guère duré, gercée par le soleil de l'été et le grand froid de l'hiver, décollée par la neige ou la pluie; le bois nu s'étale, aussi primitif et rude que la hache ou la scie l'ont laissé. Les trottoirs, lorsqu'ils existent, se composent également de planches grossièrement équarries alignées sur le sol ; la chaussée est — en cette saison des pluies — un tel bourbier que l'on a disposé de loin en loin des passerelles en planches. Entre les maisons rudimentaires et les rudimentaires trottoirs cette « rue » dévale le flanc de la butte de Québec en une pente à vingt pour cent, vers les quartiers du bord de l'eau.

En bas de la pente, la civilisation d'en haut semble se reproduire : l'on retrouve les « chars » et les maisons de pierre ; mais plus loin c'est la plaine qui commence ; la rivière Saint-Charles, que l'on passe sur un pont primitif et une fois cette rivière franchie, l'on retrouve les maisons de bois, plus rudimentaires encore, plus espacées ; les trottoirs de bois, plus grossiers ; la chaussée qui semble devenir peu à peu une simple piste détrempée sur le sol vierge. Une banlieue ; mais une banlieue qu'on sent voisine de la sauvagerie définitive.

Les voitures qui passent sont des « buggies » américains, aux quatre roues grêles égales, ou bien des carrioles d'un type analogue, mais plus frustes ; leurs roues sont boueuses jusqu'aux moyeux ; les chevaux qui les traînent sont crottés jusqu'au poitrail. Beaucoup sont conduites par des hommes qui ne peuvent être que des paysans : ils ont le masque terriblement simple et obstiné de ceux qui se battent avec la terre. Et ce sont des masques de paysans français; la ressemblance échappe parfois; mais elle est parfois frappante : figures familières sous les feutres bosselés ou les casquettes; silhouettes familières même sous les confections américaines aux larges épaules matelassées. Ils mènent leur cheval le long de la route défoncée sans songer à s'en plaindre, car ils n'ont jamais connu de meilleur chemin; peut-être même cette route leur paraît-elle excellente ici comparée à la simple piste indienne qu'elle va devenir plus loin, à quelques milles à peine de Québec, bien avant qu'ils ne soient arrivés chez eux.

La ville disparaît déjà : c'est la campagne qui commence, non pas la campagne polie et ratissée de nos pays de l'Europe occidentale, mais le sol tel quel, sans fard, se fondant insensiblement dans le vrai pays du Nord, à peine gratté çà et là, où les habitations sont comme des îles semant l'étendue barbare.

Et peu à peu l'on oublie les maisons et les routes, et c'est à la race que l'on songe : à la race qui est venue se greffer ici, si loin de chez elle, il y a si longtemps, et qui a si peu changé! Venue des campagnes françaises, campée ici la première, dans ce pays qu'elle a ouvert aux autres races, elle a dû subir d'abord les influences profondes de l'éloi-

gnement, des conditions de vie radicalement différentes de celles qu'elle avait connues jusque-là; —
petite nation nouvelle qu'il fallait échafauder lentement dans un coin du grand continent vide. Et à
peine cette nation reposait-elle sur des bases solides
que c'était déjà l'arrivée des foules étrangères,
l'invasion des cohortes qui se bousculaient pour
passer par la brèche toute faite. En droit : la suze-
raineté britannique; en fait, l'afflux toujours croissant des immigrants de toutes nations, qui finissaient
par constituer une majorité définitive — voilà ce
que le Canada français a subi. Comment l'a-t-il
subi? Comment a-t-il résisté à l'empreinte?

L'on peut revenir alors vers les rues du vieux
Québec pour y chercher une réponse. Ces rues et
ce qu'elles montrent, tout cela prend un aspect
différent, ou plutôt un sens différent, lorsqu'on
revient des pistes de la banlieue, où l'écart qui
existe entre cette contrée et les contrées d'Europe
s'est fait tangible.

Et l'on se rend compte promptement que tous ces
détails qui au premier abord frappent un Français
comme étant des marques de dénationalisation,
sont sans exception superficiels, négligeables.
Le costume? Il faudrait vraiment être enclin
à la morosité pour reprocher aux Canadiens-français de n'avoir pas constamment suivi, depuis deux
cents ans qu'ils sont ici, les modes diverses qui se

sont succédées en France. Leurs jeunes gens des villes ont tout naturellement adopté, et sans qu'il y ait dans leur cas aucune affectation, la tenue anglo-saxonne qui se répand de plus en plus même sur le sol français; et leur reprochera-t-on de n'avoir pas compris la beauté des vestons de velours et des cravates Lavallière? Quant aux habitants des campagnes, leur costume est forcément pendant cinq mois de l'année, un costume qui ne peut avoir d'équivalent en France, puisqu'il a pour fonction de les protéger contre le grand froid; et le reste du temps leurs vêtements sont les vêtements de travail du paysan, qui sont partout à peu près les mêmes.

Le système monétaire? Le Canada français ne pouvait guère se révolter contre le reste du Canada à seule fin de se donner le système français actuel de francs et de centimes, qui, au reste, n'existait pas encore à l'époque où le bloc français du Canada prenait racine. Du système canadien-américain de dollars et de cents, il a promptement fait quelque chose qui lui appartient en propre en dénommant les dollars des « piastres », et les cents des « centins » ou des « sous ».

Un chauvin fraîchement débarqué du paquebot s'arrêtera peut-être devant une vitrine où s'étalent des complets de coupe américaine, dont le prix sera indiqué par un chiffre quelconque précédé du

signe « $ », et il secouera la tête avec une tristesse
un peu comique, en songeant que ceux qui traitaient
Québec de « ville française » habitée par des
Français, en ont menti. Mais avant qu'il ne soit
reparti des Québecquois s'arrêteront à leur tour
derrière lui, et il les entendra causer entre eux :
— « Des belles hardes, çà ! » « Ouais ! Regarde
ce capot-là, donc, à quinze piastres ! » — Et notre
chauvin s'en ira tout réconforté, gardant longtemps
dans l'oreille la musique des mots français et de
l'accent du terroir.

Si l'on prend l'une après l'autre d'autres manifestations extérieures de l'âme intime du Canada
français, ces mille détails qui sont en somme les
seules choses sur lesquelles on puisse, aux premiers
jours, méditer sans ridicule, l'impression reste la
même. Il y a eu sans doute une évolution logique,
différente de l'évolution qui a pris place dans le
même temps sur le sol français, et peut-être même
par parallèle, mais ce n'a été qu'une évolution, et
les traces d'assimilation, d'empreinte laissée par une
autre race, sont bien difficiles à trouver. Les suze-
rains britanniques, ayant eu la délicatesse de ne rien
imposer de leur mentalité et de leur culture, se sont
trouvés également incapables d'en rien faire accepter par persuasion. Les Canadiens-français leur ont
emprunté leur langue pour s'en servir quand il leur
plaît, pour leur propre avantage. Pour le reste... il

ne semble pas leur être venu à l'esprit qu'ils pussent trouver grand'chose qui valût d'être emprunté.

Les rues du vieux Québec sont un témoignage. En s'enfonçant plus avant dans le Canada français, l'on trouvera que les traits extérieurs qui rappellent l'ancienne patrie se font de plus en plus rares, et disparaissent souvent; et l'on pourrait être tenté de croire que tout ce qu'il y a de français sur le sol américain disparaît en même temps. De peur que cette apparence n'en impose dès la première heure, Québec conserve intact le décor ancien et précieux de la Ville-Basse. Ce n'est pas une simple copie de vieille ville française, et il faut s'en réjouir; mais bien une ville canadienne déjà, et ses ruelles sont bien sœurs des routes bosselées qui se fondent en pistes dans la campagne presque vide. Seulement, ces ruelles apportent une sorte d'obstination à montrer une fois pour toutes, et par cent signes évidents, de quel pays venaient les hommes qui les ont créés, qui ont depuis lors poursuivi leur tâche, et qui n'ont guère changé.

DE QUÉBEC A MONTRÉAL

Une gare sans prétentions, de longs quais de
bois, et de chaque côté les trains du Pacifique
Canadien, qui attendent. Les bâtiments de la gare
cachent Québec; des hommes — Canadiens anglais
ou français — arrivent sans se presser, une valise
unique à la main, mâchant un cigare, et s'installant
n'importe où, comme s'ils prenaient un train de
banlieue; un groupe de jeunes filles échange avec
une amie qui s'en va d'interminables adieux
bruyants et niais, ponctués de rires : — de sorte
que ce départ de Québec est pareil à tous les

départs, et que la juxtaposition des deux races rappelle seulement les scènes habituelles à la gare du Nord ou à celle de Charing Cross, autour des trains Paris-Londres.

Mais dès que ce train-là s'est ébranlé, la différence se fait perceptible et tout à fait frappante.

Le pays traversé, d'abord. Ce sont les faubourgs de Québec qui alignent des deux côtés de notre course leurs maisons de bois, dont la rusticité neuve étonne, après les façades marquées de passé des vieilles rues de la Ville-Basse. Des passages à niveau rudimentaires, à la mode américaine, laissent une vision de carrioles frustes aux quatre grandes roues égales, et derrière ces carrioles arrêtées juste à temps, des routes rudimentaires aussi, détrempées par l'automne, où les chevaux enfoncent jusqu'au jarret et s'éclaboussent jusqu'à l'épaule. Puis, avec le recul nécessaire, Québec apparaît, et la haute butte du fort, que les maisons d'autrefois couvrent et entourent, conserve en se rapetissant dans le lointain presque toute sa pittoresque majesté. Les lieux dont on s'éloigne ne sont presque jamais dépourvus de grâce, et leur disparition lente à l'horizon leur prête toujours de la mélancolie; mais pour Québec cette grâce et cette mélancolie ne sont pas seulement subjectives : elles logent à demeure entre ses murailles, et la silhouette de la ville et du fort persiste longtemps, et poursuit longtemps, en un reproche de vieille cité fière qui a fait plus que son devoir, et que ce siècle-ci, qui lui doit tant, semble négliger.

Lorsque Québec a disparu, les regards reviennent naturellement vers l'entourage immédiat, et là encore, cent détails rappellent au nouvel arrivant qu'il a traversé une mer plus vaste que la Manche; qu'il est en Amérique, enfin.

Le train est un train à couloir; cela va sans dire. Les chemins de fer canadiens sont dans leur ensemble, de date récente, presque des nouveau-nés, et il est peu probable que, libres de faire construire leur matériel à leur gré, ils aient eu la fantaisie de copier ces blocs de guérites adossées, décorés du nom de wagons, qui grincent encore sur tant de lignes de France ou d'Angleterre. Ils n'ont pas non plus copié le type que l'on a adopté en France pour les wagons à couloir, soit cette amélioration des impérissables guérites qui consiste à leur adjoindre simplement un passage sur le côté.

Les wagons du Pacifique Canadien n'offrent pas une seule cloison d'une de leurs extrémités à l'autre. Un passage central, des banquettes à deux places, face à la route, de chaque côté du passage : cela rappelle, en trois fois plus grands, les voitures des divers métropolitains de Paris et de Londres. Seulement l'on remarque tout à coup que le long des parois et sous les sièges se développent les tuyaux de chauffage, sous une carapace de tôle ajourée, et l'on se souvient que ce n'est pas là une attention complaisante de la Compagnie ni un luxe, mais bien la première des nécessités en ce pays, car d'ici quelques semaines, ces wagons seront toujours en service et quitteront Québec tout comme aujourd'hui, mais derrière un chasse-neige, pour traverser la campagne gelée et linceulée de blanc.

Lorsqu'on a remarqué cela on tourne de nouveau les yeux vers les longues vitres continues, comme si l'on s'attendait à voir déjà les premiers flocons descendre, et, l'imagination aidant sans doute, le caractère du paysage s'affirme et saisit l'esprit, révélant dans chacun de ses détails un peu de la solennité redoutable du pays des longs hivers. Un pan de forêt, pourtant vite traversé, se change par magie en un coin de ces autres forêts, point si distantes d'ailleurs, où l'ours noir trottine, grogne et flaire, et où les loups, — les terribles loups des imaginations d'enfants — hurlent encore. La nappe du Saint-Laurent, que l'on entrevoit soudain fait songer aux grands fleuves d'eau vierge, qui l'hiver s'endorment dans le gel, et où les caribous, au printemps, viennent furtivement casser avec leurs sabots la glace amincie, pour boire. Enfin d'une longue éclaircie vers le Nord, qui ne montre que des ondulations nues, l'on se plaît à faire le commencement des grandes plaines qui doivent s'étendre vers la baie d'Hudson, plaines de terre auxquelles succèdent les grandes plaines des mers gelées du pôle.

Jeux d'imagination, sans doute; visions forgées : mais ces visions naissent avec une facilité singulière et elles ne sont presque pas ridicules, puisqu'à chacune d'elles correspond une réalité toute proche, à quelques jours, presque à quelques heures de voyage.

Certaines régions d'Europe, peut-être même de France, peuvent offrir des aspects exactement semblables à ceux-là, et pourtant sans aucun effort d'esprit, on arrive à se convaincre que chacun de ces aspects est typique, spécial à ce pays qui est l'avant-garde du continent américain vers le Nord, pays trop grand, trop froid, trop rude pour que l'homme s'y sente à son aise avant longtemps, où il n'avance qu'avec précaution, pas à pas, vers le mystère redoutable des terres que défendent les longues neiges.

Aussi l'Européen — le Français — qui regarde à travers la vitre du wagon, se sent vivement dépaysé; il sent avec acuité le caractère étranger du paysage, cette gravité double de la contrée encore presque déserte, presque sauvage, et du septentrion qui menace. Dans ces grands wagons américains, il se prend à songer que ce train, le rapide quotidien de l'Ouest, lorsqu'il aura passé Montréal, s'en ira d'un seul galop vers les grandes plaines à blé qui sont encore plus désertes, encore plus neuves; vers les provinces et les villes dont les noms mêlent les consonances britanniques et les vieilles conso-nances indiennes : le Manitoba, la Saskatchewan, l'Alberta; — Winnipeg, Neepawa, Calgary; vers Vancouver, qui s'ouvre sur le Pacifique et sur l'Orient...

Et voici qu'il sort de sa rêverie et que, dans l'attente de ces noms barbares, il trouve sous ses yeux des noms si familiers qu'il en reste étonné d'abord, puis ému. Les noms des stations qui défilent; ce sont : Pont-Rouge, Saint-Basile, Gron-dines, Grandes-Piles, Trois-Rivières...

Sur les quais de bois, devant les petites gares construites en madriers à peine dégrossis, les gens qui s'abordent ou se quittent, en face des portières des longs wagons américains, échangent des paroles d'adieu ou de bienvenue en un français traînant et doux; et l'on voit des femmes passer, alertes, accortes dont les toilettes ne sont peut-être pas celles du Boulevard, mais dont la mine, la mise et le main-tien crient qu'elles sont Françaises jusqu'à la moelle, qu'elles ont tout gardé des femmes de notre pays, ici, entre le grand fleuve qui ne sera plus qu'une coulée de glace le mois prochain, et la lisière des grandes forêts mal connues.

Le train repart; un employé circule entre les

banquettes, offrant des magazines américains, de la gomme à mâcher, des cigares ou des sucreries. Il offre tout cela d'une voix nasale de Yankee, surprenante à des oreilles accoutumées aux accents anglais; mais voici que pour répondre à une question soudaine, il s'arrête et se campe familier; et sa voix change tout à coup.

« Ouais! fait-il. J'ai ben le *Soleil*, de Québec, mais point la *Presse*; je l'aurai point avant ce *souer!* Ben oui, M'sieu! Vous pouvez fumer icitte, pour sûr! »

Il s'éloigne, alternant, pour vanter sa marchandise, son nasillement de Yankee et son parler savoureux de paysan picard ou normand. Et au milieu de la large campagne austère, où la culture s'espace et disparaît souvent, les vieux noms de France se succèdent toujours.

Pointe du Lac, l'Epiphanie, Cabane Ronde, Terrebonne...

...Terrebonne! Ils ont trouvé que la glèbe du septentrion répondait suffisamment à leur labeur, ces paysans opiniâtres, et ils sont restés là depuis deux cents ans. C'est à peine s'ils ont modifié, pour se défendre contre le froid homicide, le costume traditionnel du pays d'où ils venaient; tout le reste, langue, croyances, coutumes, ils l'ont gardé intact, sans arrogance, presque sans y songer, sur ce continent nouveau, au milieu de populations étrangères; comme si un sentiment inné, naïf, et que d'aucuns jugeront incompréhensible, leur avait enseigné qu'altérer en quoi que ce fût ce qu'ils avaient emporté avec eux de France, et emprunter quoi que ce fût à une autre race, c'eût été déchoir un peu.

L. H.

FRAGMENTS DE LETTRES ÉCRITES PAR LOUIS HÉMON
A SA FAMILLE PEU AVANT SON DÉPART POUR
LE CANADA.

Londres, 1911.

...« *Je suis non seulement prêt à, mais presque désireux de voir de près des métiers généralement considérés comme humbles. Aussi, et pour éviter que vous ne preniez cela pour une déchéance tragique, quand le moment sera venu, je puis vous dire tout de suite que j'ai l'intention de « faire la moisson » l'été prochain. Toqué ? C'est entendu; mais ma folie est plus systématique qu'il n'apparaît au premier coup d'œil.*

« Il m'est répugnant et presque impossible de tenir même vous, que j'aime sincèrement, au courant de mes intentions, même si ces intentions sont celles qui ne vous déplairaient en rien. Je suis fait comme cela, vous le savez bien, et je n'y peux rien... »

Londres, 1911.

« *Je ne vais pas vous promettre de faire quelque chose de merveilleux, ni de réussir d'une manière éclatante. Ces choses-là ne sont certaines que dans les livres.*

« *Mais j'ai de bonnes chances, et je me crois parfaitement lucide. Alors, même si tout le monde me croit maboul et bon à rien, je veux que tu sois d'un autre avis. Dis aux autres : « Il sait ce qu'il fait ! » et surtout crois-le. Et crois aussi que j'ai infiniment d'affection pour toi et vous tous, à ma manière. »*

———

FRAGMENT D'UNE LETTRE DE LOUIS HÉMON
A L'ÉDITEUR GRASSET A PARIS.

Montréal, le 6 février 1912.

« *Je vous envoie les premiers chapitres de ce qui pourrait être un livre sur le Canada français : « Au pays de Québec[1] ». Ces premiers chapitres sont mal venus, me déplaisent et demanderaient à être remaniés... »*

Louis Hémon promet quelques chapitres sur Montréal, puis ajoute :

« *Enfin, une deuxième partie qui ne pourra être écrite qu'au cours du printemps prochain; sur la vraie campagne franco-canadienne, et sa population; partie qui sera peut-être moins commune que les autres... »*

---

1. Cet essai a été longtemps désigné sous le titre de *Journal de Louis Hémon.* C'est sous ce titre qu'il a été traduit en anglais et qu'il a été publié par Mac Millan de New-York. Comme le montre cette lettre écrite à Bernard Grasset, ces pages ne sont pas un véritable journal mais seulement la notation des premières impressions.

BIBLIOGRAPHIE

Bulletin de la Société de Géographie de Québec,
septembre-octobre 1917.

Le Petit Canadien, Léon MERCIER-GOUIN, octobre 1918.

Le Terroir, Léon MERCIER-GOUIN, décembre 1918.

Le Terroir, D. POTVIN, juillet 1918, octobre 1919.

La Démocratie Nouvelle, Ch. LE GOFFIC, 22 mai 1921.

Débats, Jean de PIERREFEU, 25 mai 1921.

Foi et Vie, Léon JAMES, 1.ᵉʳ juillet 1921.

La Croix, Henri MASSIS, 11 août 1921.

L'Illustration, Albert CAHUET, 4 juin 1921.

L'Action Française, Léon DAUDET, 8 juin 1921.

La Démocratie Nouvelle, Auguste DUPOUY, 9 juin 1921.

Etudes, Louis de MONDADON, 5 juillet 1921.

Semaine Littéraire de Genève, René GILLOUIN, 9 juillet 1921.

Revue de la Semaine Illustrée, Henri BORDEAUX, 22 juillet 1921.

Le Journal, Lucien DESCAVES, 24 juillet 1921.

Revue des Deux Mondes, René BAZIN, 1ᵉʳ octobre 1921.

L'Illustration, Gaillard de CHAMPRIS, 25 février 1922.

The Toronto Weekly Star, Fred C. GRIFFIN 11, 18, 25 novembre, 2 et 9 décembre 1922.

TABLE DES MATIÈRES

TROISIÈME PARTIE

AU PAYS DE QUÉBEC
par Louis HÉMON

ERRATA

Page 36, ligne 24 : Lire *prairie* au lieu de *patrie*.

Page 78, ligne 1 : Lire *acadien* au lieu de *canadien*.

Page 103, ligne 6 : Lire *un beau matin* au lieu de *un matin*.

Page 177, ligne 8 : Lire *sera-ce* au lieu de *serait-ce*.

Page 182, ligne 22 : Lire *corne* au lieu de *corde*.

Page 183, ligne 25 : Lire *des* au lieu de *de*.

Page 186, ligne 14 : Lire *sociales faites de* au lieu de *sociales de*.

ACHEVÉ D'IMPRIMER POUR LES
ÉDITIONS SPES SUR LES PRESSES
DE L'IMPRIMERIE FRANÇAISE
DE L'ÉDITION, 12, RUE DE
L'ABBÉ-DE-L'ÉPÉE, PARIS (Vᵉ),
LE 20 JUIN MCMXXVIII.